与最聪明的人共同进化

湛庐CHEERS

HERE COMES EVERYBODY

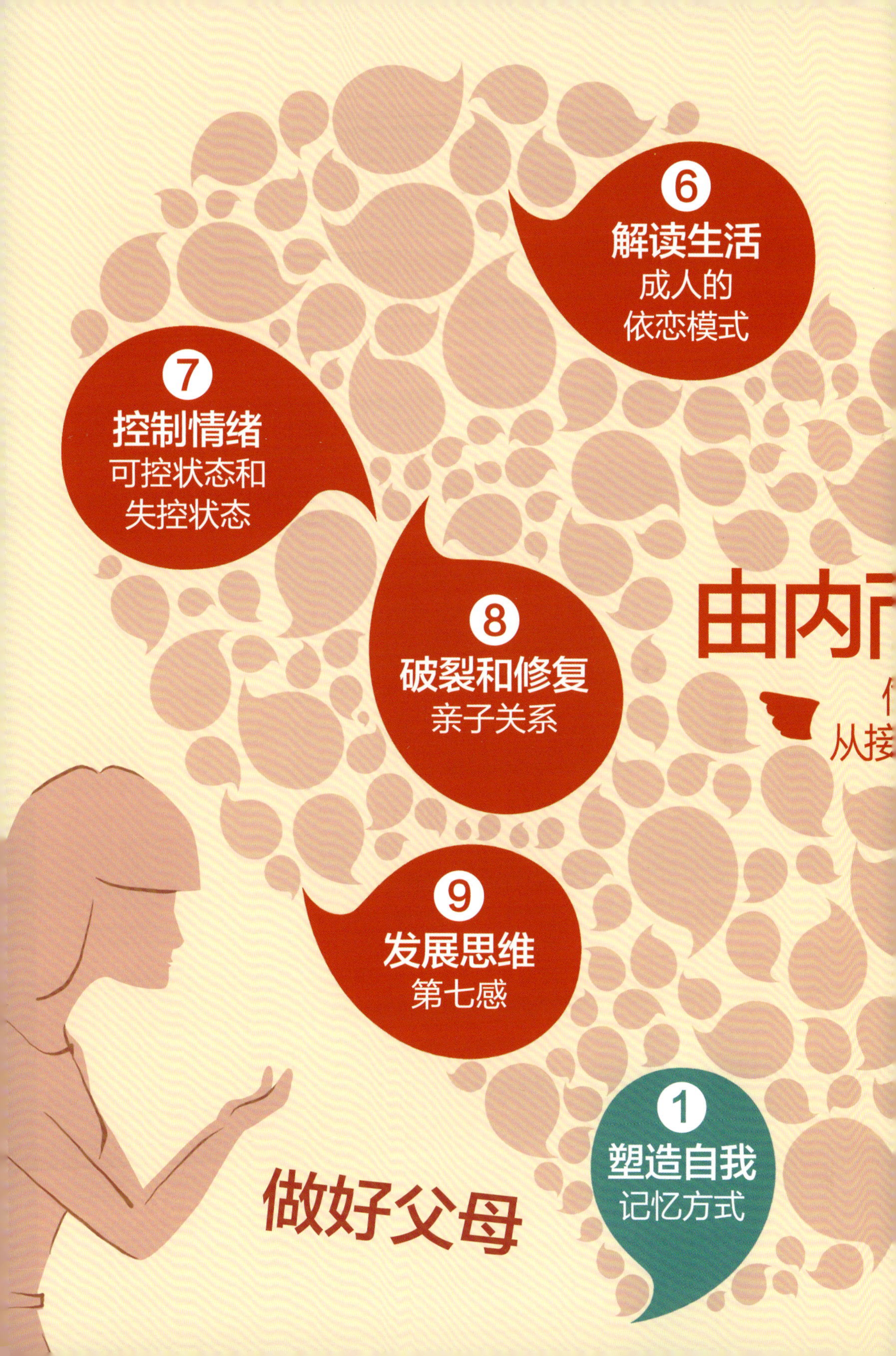

6
解读生活
成人的
依恋模式
7
控制情绪
可控状态和
失控状态
8
破裂和修复
亲子关系
9
发展思维
第七感
1
塑造自我
记忆方式
做好父母
由内
从接

湛庐CHEERS 特别制作

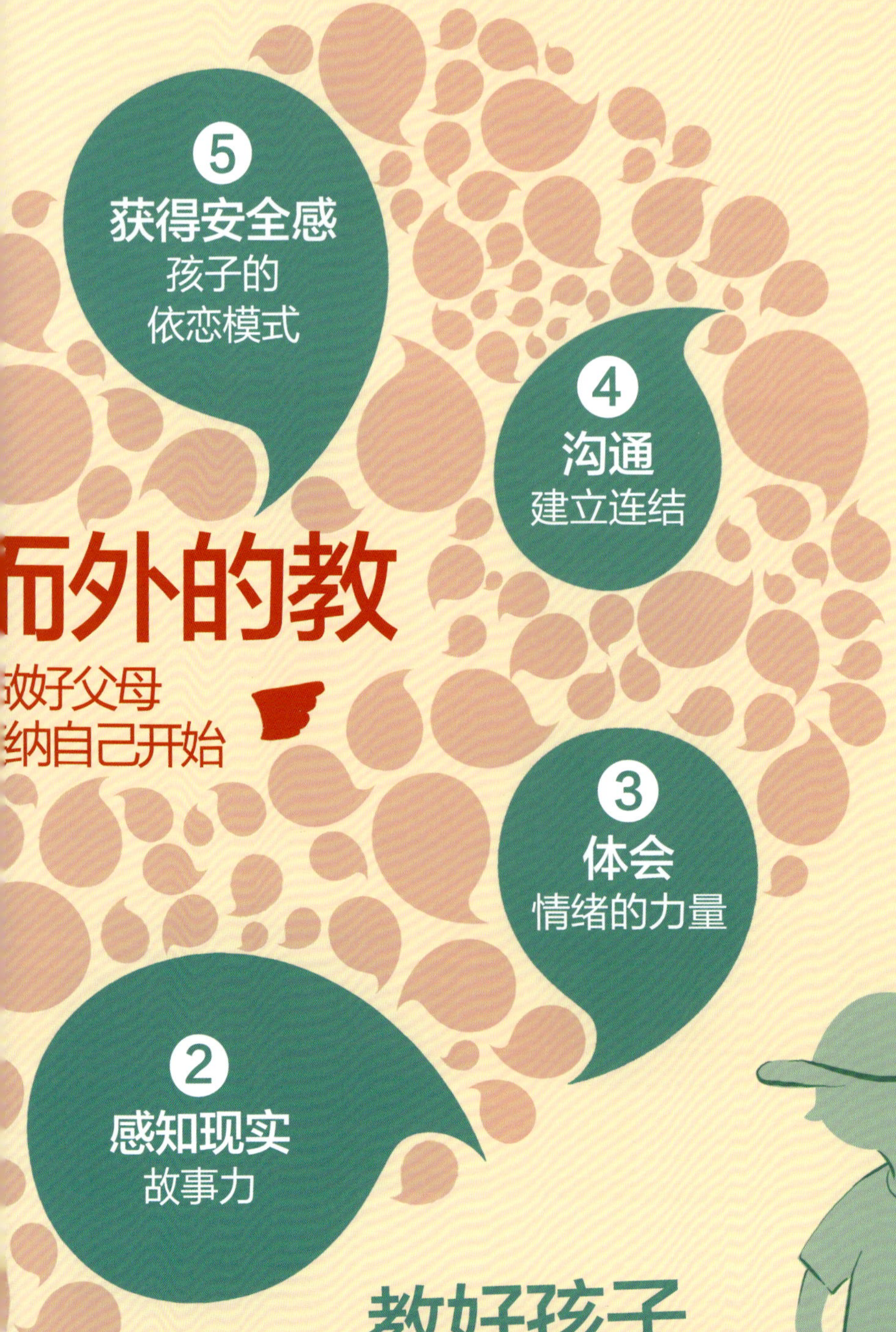

而外的教

做好父母
纳自己开始

教好孩子

CHEERS
湛庐

由内而外的教养

[美] 丹尼尔·西格尔
Daniel J. Siegel
[美] 玛丽·哈策尔
Mary Hartzell
著

李 昂 译

Parenting from the Inside Out

浙江科学技术出版社·杭州

测一测

作为父母，你了解认识自己的重要性吗？

扫码加入书架
领取阅读激励

扫码获取全部测试题及答案
一起了解如何建立和谐的
亲子关系

- 父母的早年经历会影响亲子关系吗？（ ）

  A. 会

  B. 不会

- 在与孩子相处的过程中，父母必须关闭自己的感受，一心关注孩子的感受，这是对的吗？（ ）

  A. 对

  B. 错

- 父亲和孩子说好要去商场买个玩具，但孩子到了商场后提出要更多的玩具，这时父亲应该：（ ）

  A. 为了避免孩子难过，答应他的一切要求

  B. 严厉地警告孩子："不给买也不许闹，否则一年不给你买玩具。"

  C. 理解孩子得不到玩具的难过情绪，平静交流，但不轻易让步

  D. 与孩子进行语言上的推理和争辩

扫描左侧二维码查看本书更多测试题

Daniel J. Siegel

融合心理学、脑科学与网络科学的先锋

丹尼尔·西格尔

他，创造了一个概念；

他，创立了一个学科；

他，信奉“整合是王道”；

他，以传播科学教养观为己任。

备受谷歌、微软推崇的人际神经生物学创立者

丹尼尔·西格尔毕业于哈佛大学医学院，是加州大学洛杉矶分校精神病学临床教授。他历时 25 年，通过对数千个案例的研究，创立了一门新的学科——人际神经生物学（interpersonal neurobiology），这门学科的研究重点是人际关系与大脑的密切关系。

西格尔不仅是一位专业的学者，也是一位多产的作家，更是一位备受赞誉的教育家。他在人际神经生物学领域出版了多本专著，还受邀四处演讲。他的研究成果被美国司法部、微软和谷歌等世界各地的机构及企业所采用。近年来，西格尔也将自己最新的研究理念传播给大众，他的畅销书《第七感》向读者展现了经过整合的大脑的强大力量。他还将“整合”概念引入教养领域，其著作《由内而外的教养》和《全脑教养法》使更多父母认识到“整合的大脑”在教养中的积极作用。

丹尼尔·西格尔（Daniel J.Siegel）对话婚姻专家约翰·戈特曼（John Gottman）和朱莉·戈特曼（Julie Gottman）（从左至右）

“情商之父”给予盛赞的脑科学家

西格尔是正念觉知研究中心（Mindful Awareness Research Center）联席主任，也是第七感[①]研究所（Mindsight Institute）的创始人。第七感研究所是一个教育组织，提供在线教育课程，帮助个人、家庭和组织通过评估人际关系来提升第七感。

第七感是发展情商的最基本技巧，分为洞察（insight）、共情（empathy）、整合（integration）三个部分。第七感能让我们体会到和分享自己内在的心理能量及信息流动，也有助于我们感知自己的思想、情绪和记忆，并帮助我们产生强大的心理力量来改变这种流动，从而摆脱根深蒂固的行为以及习惯性的反应，远离可能会导致自己陷入其中的消极情绪循环。形成第七感的过程就叫整合。

西格尔独创的里程碑式概念“第七感”备受“情商之父”丹尼尔·戈尔曼（Daniel Goleman）推崇。戈尔曼不但将第七感理论誉为“情商与社交商的基础”，还赋予了它更高的地位：“第七感堪与弗洛伊德的潜意识理论、达尔文的进化论齐名。在身、心与大脑整合方面，西格尔成果卓著，无人能出其右。”

① “第七感”是丹尼尔·西格尔自创的概念，它是指对自己和他人心智的感知和理解。——编者注

帮助父母实现圆满自我的“全脑教养专家”

家庭教育是西格尔的理论得以完美应用的一个重要领域。西格尔认为，想做好父母，必须先认识自己，认识到自己生命和生活的意义，深入了解自己的经历；尤其是童年时与养育者之间的互动，才能与孩子建立安全的依恋关系。这就是“由内而外的教养”，这个观点也贯穿于他所写的每一本与教养有关的书中。

西格尔基于对大脑结构及其运作机制的研究，提出了实用性极强的“全脑教养法”——针对各年龄段孩子提出全脑教养实践指南，以帮助父母破解种种育儿难题。他将第七感所涉及的整合理念运用到了解和帮助青少年成长的教育实践中，这非常值得家有青少年的父母借鉴和学习。

“父母就是塑造孩子大脑的雕塑师，
你对孩子的所有陪伴
无时无刻不在改变着他的大脑。”

MARY HARTZELL

玛丽·哈策尔

(1944—2018)

- 加州大学洛杉矶分校教育硕士
- 早期儿童教育的开创者
- 圣莫尼卡第一长老会幼儿园园长
- 雷焦教育方法倡导者

玛丽·哈策尔毕业于加州大学洛杉矶分校，是儿童早期教育及心理学专家、儿童发展专家，致力于家长及教师培训和教育工作三十余年。

她曾在圣莫尼卡第一长老会幼儿园担任了30多年的园长，在教学实践中，她将雷焦艾米利亚的教育方法引入学校，将孩子作为学习的主体，鼓励他们自主探索和发展。在她的领导下，第一长老会幼儿园成为一所备受推崇的雷焦启发学校。她还教授育儿课程并为父母提供私人咨询，革新了家长与孩子的互动方式。

西格尔全脑教养系列

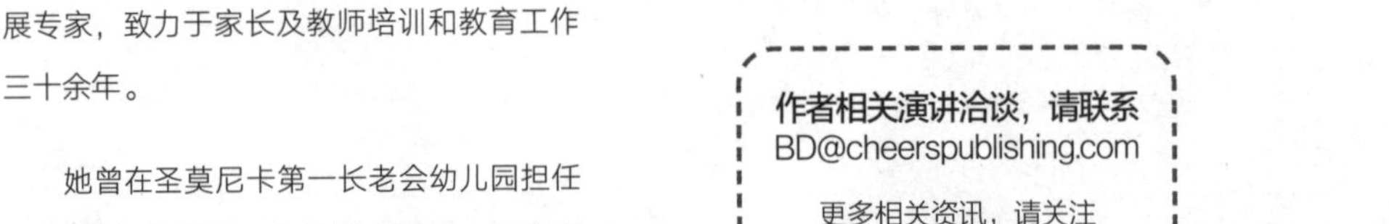

Parenting from the Inside Out

作者寄语

我们非常开心地向大家介绍《由内而外的教养》这本书。最初整合提出“由内而外”这一教养理念时，我们受到了当时科学研究成果的影响，即通过观察看护人如何看待自己的童年经历，能够最好地预测他的孩子是否有安全的依恋关系。我们想把这一重要的科学发现转化为实际应用，让全世界的父母直接从中受益。在过去的几十年中，研究人员研究了上万名来自不同文化、社会和经济背景的家长以及他们的孩子，其研究结果进一步证明了“由内而外”这一重要教养原则的科学性——理解自己的生活是父母能给予孩子和自己的最好礼物。

影响孩子成为什么样的青少年乃至成人的因素有很多，安全的依恋关系只是其中一种。尽管安全的依恋关系有助于发展孩子的心理复原能力和提高幸福感，然而仍有诸多其他因素会影响孩子能够拥有怎样的人生，譬如基因、同伴、学校及社会经历等。即便如此，依恋关系是我们作为父母可以直接影响孩子的一个因素，其原因在于“由内而外”这一重要理念——**真正重要的不是你的童**

年经历了什么，而是你对于这些经历如何影响了你的生活的思考。有了这一有力的科学发现，我们便创建了一个循序渐进的方法供父母和其他看护人使用，从而优化亲子关系，同时可优化他们与其他成年人的关系。这是一个三赢局面：你的孩子会茁壮成长，你会有更好的人际关系，甚至你与自己的关系也会不断改善，产生更高水平的自我同情。

因为人的发展是持续终生的，所以不管你处于哪个年龄段，进行由内而外的探索都是大有裨益的。自本书出版以来，我们收到了无数人的热烈反馈，从年轻人到老年人都有，甚至有八九十岁的高龄老人。孩子与你的依恋关系影响他们从早年直至终生的发展。因此，为了帮助他们，不管你从何时开始反思自己的生活都为时未晚，不论他们是蹒跚小儿、青春少年还是成年人。这是一个受科学启发而提出的实用策略，能够为你提供得力的辅助。想要理解自己的生活并不总是容易的，因此我们将许多教养的实用建议和事实性知识整合到这一方法中来帮助大家。有这么多来自全球各地的人告诉我们这是他们“最爱”的书，表明由内而外的探索之旅是值得为之付出努力的。你和你的孩子都将茁壮成长，这不就是我们将情感能量和宝贵时间倾注于生命长河之中所追求的主要目的吗？享受阅读之乐吧！期待收到你的反馈。

丹尼尔·西格尔　玛丽·哈策尔

心理、大脑与人际关系

能够向中国的读者朋友们介绍人际神经生物学在日常生活及养育孩子方面的应用，我深感荣幸。无论你有怎样的背景和经历，无论你是否为人父母，只要对人一生的发展以及培养健康的心理和良好的人际关系感兴趣，这个领域对你来说便是很有价值的。

人际神经生物学融合了各个学科的知识，以独特的视角解释什么是心理，以及如何培养健康的心理。根据人际神经生物学的观点，心理既存在于我们的身体和大脑中，也存在于我们的人际关系中。在《人际关系与大脑的奥秘》（*The Developing Mind*）一书中，我总结了这种观点。

我的三部作品均论述了人际神经生物学在实际中的运用。《第七感》展示了如何运用整合的概念发展健康的心理，分析了一些有代表性的真实案例，还给出了集中注意力的有效方法。集中注意力的方式会改变大脑的运作方式甚至结构。通过整合注意力，我们可以在大脑、心理和人际关系方面创造更多的整合。案例主人公年龄各异，人生经历也千差万别，但都揭示了如何运用整合来创造更健康的生活。

在我与玛丽·哈策尔合著的《由内而外的教养》中，我们指导读者理解自己的生活。科学研究发现，通过观察一个人如何反思自己的童年以及成年后如何看待童年经历，能够很好地预测他的孩子能否健康成长。基于这一发现，我们在这本书中为读者提供了切实可行的方案，帮助读者检验自己的记忆体系及情绪运作方式，并且理解讲述故事的过程如何塑造了人生。阅读这本书能够让父母加深对自己的了解，从而建立牢固、可靠的亲子关系，帮助孩子茁壮成长。

我与蒂娜·佩恩·布赖森合著的《全脑教养法》，展示了《第七感》中揭示的科学知识与整合步骤，以及本书中倡导的自我理解如何帮助孩子发展整合的生活。整合包括联结左右脑以及联结上下大脑。整合还涉及我们如何理解自己的经历，并通过给孩子讲述我们的人生故事来传递这种理解。另外，自我由很多“部分”组成，整合不同的部分意味着我们能了解多重真实的自我。例如，第 5 章中有“觉知之轮”的练习，它能够让孩子学会检视自己的心理运作方式，使其更灵活地运作。这是发展第七感的基础，即理解并整合自我及他人心理的基础。

这三本书基于人际神经生物学，为读者提供了可行的方法，帮助读者培养内在的幸福以及健康的人际关系，使个人和家庭保持活力与健康。享受阅读与收获之乐吧！

Daniel J Siegel

丹尼尔·西格尔

••• 认识自己，才能教好孩子 •••

你怎么理解自己童年被教养的经历会对你教育子女的方式产生深远影响这件事？在这本书中，我们将探讨自我认知如何影响父母对孩子的养育方式。深入地了解自己，可以帮助你与孩子建立和谐的亲子关系。

随着年龄的增长和自我认知的深化，我们逐渐能够为孩子提供一个可保证其情绪安适、使其健康成长的环境。研究表明，孩子对父母的依恋与父母对自己早年经历的认知有着非常重要的联系。本书会告诉你如何正确地看待童年对自己的人生和育儿方式的影响，帮你找到过去生活的意义和未来生活的目标。

本书源于我和玛丽·哈策尔通过长期与父母和孩子接触累积得来的宝贵经验。我是一位儿童心理学家，玛丽则是一位儿童发展专家。我们都已为人父母，我的孩子还在上学，而玛丽的孩子已经成年，还有了自己的孩子。

玛丽开设了一所教育学校，致力于对孩子及其父母、老师进行教育，并且提供咨询服务。作为一名教育工作者，玛丽有30余年与孩子及其家庭接触的经验，这让她有机会分享多个家庭的生活故事，了解父母与孩子交流时所遇到的挫折与快乐。在完善自己开设的家长教育课程时，玛丽发现父母如果有机会反思自身被教养的经历，他们在养育孩子的过程中就会做出更有效的选择。

10多年来，我一直致力于把普遍的科学规律总结成一个成熟、完善的体系，来帮助人们更好地理解心理、大脑及人际关系。这些理论和研究综合起来就是“人际神经生物学”，如今已在多种关于心理健康和情绪管理的专业教育项目中得到普遍应用。当我的《人际关系与大脑的奥秘》一书首次出版时，我正和玛丽合作开办家长教育课程。父母的热烈反响让我们有了合作出书的想法。很多父母在课程中提到，我们的观点可以帮助他们更深入地了解自己，更有效地跟孩子沟通。他们问：“你们为什么不合作写点什么？这样别人也能获得这门课程的知识、智慧与力量了。”

我们很高兴能有机会与你一起分享整个过程，希望本书可以让你轻松、有效地掌握一些增进亲子关系和加深自我了解的方法。期待本书可以帮助你和孩子从彼此身上获得更多的快乐！

透彻地认识自己

我们与孩子交流的方式会在很大程度上影响他们的成长。细心、互惠的交流方式能够带给孩子安全感，而这种相互信任的、安全的关系可以帮助孩子在未来的很多领域有所建树。父母如何看待自己被教养的经历会在很大程度上影响与孩子交流、帮助孩子建立安全感的能力。了解生活的意义可以帮助我们正确地处理自己的童年经历，接受它们，把它们作为当下生活的一部分。我们不能改变童年时发生在我们身上的事情，但可以改变自己看待这些事情的方式。

用不同的方式思考人生，意味着我们需要了解当下的经历——包括我们的情感和认知，同时还要明白以前的事情是如何影响现在的。了解自身储存记忆以及自我定位的方式可以帮助我们知晓“过去如何影响现在的生活”。对自己的生活有清晰的认识为何能够帮助我们的子女？只有把自己从过去的枷锁中解救出来，我们才能和孩子建立起他们成长所必需的自然、稳定的亲子关系。对自身的情感经历认识得越透彻，你就越能顺畅地与孩子沟通，增强他们认识自我的能力，确保他们的身心健康。

与此相反的是，自我反思的缺失则会导致历史重演，在这种情况下，父母很容易将自己过去不健康的行为或心理模式传递给孩子。研究证明，如果不能正确地认识和面对自己幼年时的经历，孩子对我们的依恋就会受到影响。通过反思自己的生活，我们可以更深入地了解自己，并将自身的情感经历和对世界的看法融合进与孩子的交流中。

当然，孩子性格的发展会受到很多因素的影响，包括基因、秉性、身体健康程度及个人经历等。与父母的关系是孩子童年经历的重要组成部分，会直接影响孩子尚未成型的性格。情商、自尊心、认知能力以及社交技巧形成的基础就是这种早期的依恋关系。父母思考自己生活的方式对这种关系的走向有着直接的影响。研究证明，那些与周围环境有着积极联结的孩子在遇到挫折时会有更强的适应力。要与孩子建立积极的联结，我们就要坦诚地面对自己的成长经历。

在由内而外的反思过程中，你可以厘清自己的生活并改善与孩子的关系。没有谁的童年“完美无瑕”，即使是经历了很多苦难的人也能和孩子建立一种有意义、有价值的关系。研究表明，那些父母不称职或者有着童年伤痛的人依然可以找到生活的意义，与他人建立良好的关系。如何理解和处理过去发生的事情，对我们自身的意义要大于对孩子的意义。在今后的生活中，我们一直都会有改变和成长的机会。

关于这本书

这不是一本关于“我们该怎么办”的书，而是一本关于“我们要怎样做”的书。我们将通过研究父母和孩子如何依照内在经验完成记忆、体会、感觉、交流、依恋、理解、破裂和修复以及反思等过程，发掘养育子女的新观点。我们将进一步探寻亲子关系的方方面面，并将研究结果与大脑研究的最新成果相结合。此外，通过研究父母感知及沟通的方式，我们将得出一种新的观点，帮助我们加深对自己、孩子以及亲子关系的理解。

每一章的“反思练习”可以帮助父母加强自我认识、完善人际关系。而每一章最后一个板块“科学聚焦”为有兴趣的读者提供了与育儿教育有关的科学知识。这部分内容对理解本书的主旨并无影响，还为书中的很多理念提供了科学支持。

科学世界中有一种说法，“机会总偏爱有准备的头脑”。了解书中介绍的知识将有助于你更深入地了解自己和孩子的情感生活。希望本书能指引你找到合适的育儿之路。

Parenting from the Inside Out

目 录

Parenting
from the Inside Out

01 如何塑造自我
记忆方式

有了自己的孩子后，我们以往的经历会影响我们教育孩子的方式。未妥善处理的过去也许会埋下隐患，影响我们与孩子的关系。这些隐患带来的问题很容易引发我们与孩子的矛盾。而当矛盾发生时，我们通常在孩子面前表现得情绪激动、看法偏激，并且不经思考就采取行动。这种不恰当的心理会削弱我们理智思考和适时反应的能力。在这种情况下，我们没有按照自己理想中的父母角色来表现，反而常常在事后问自己：为何会在孩子面前表现出自己性格中最恶劣的一面？过去的经历会影响我们当下的生活，也会影响我们与孩子相处的方式，而我们自己却没有意识到这一点。

把自己的情感包袱带入父母角色中会影响我们和孩子的关系。悬而未决的旧事和没有妥善处理的创伤包含着太多过去，它们代表了我们早年的生活，虽然有时难以面对，但对我们有着非凡的意义。如果没有正确地认识并处理这些事情，它们就会对我们当下的生活产生影响。

举例来说，如果你的母亲经常因为厌烦你的哭闹而不声不响地离开家，你对母亲的信任感就会很难建立，尤其在面对分离的时候，你会感到不安和多疑。母亲没跟你说一声就径自出门，你会一直寻找她，会因她的离去而感到不快。如果照看你的大人严厉禁止你哭闹，情况就会变得更糟。不只因为你感到大人背叛、遗弃了你，还因为你会觉得没有大人真正倾听你，重视你的感受，给你应有的理解和关心。在这种情况下，你很难找到合适的方式来舒缓情感压力。

如果小时候你有过类似的经历，在你有了自己的孩子以后，相同的情况就可能引起你一系列的情感反应。它可能会唤醒你记忆深处的被遗弃感，因此当离开自己的孩子时，你就会感到不适。孩子觉察到这种不适，便容易感到不安。这不仅增加了孩子的压力，也让你更加焦躁。就这样，多种复杂的情感交织在一起引发了一系列的反应，这些反应折射出的正是你的童年经历。当然，如果你没有认真地反思，没有深入地了解自己，上述反应就可能只是被看成常见的、由与孩子分离而引发的不适。要真正处理好过去发生的事情，认识自己才是关键。

未妥善处理的早年经历

未妥善处理的早年经历经常影响我们对待子女的方式，在彼此之间引起不必要的烦扰和矛盾。下面讲的就是玛丽幼年和成年后的经历。作为母亲，玛丽发现自己有很多童年没有妥善处理的事情后来都影响了她跟孩子之间的关系，夺走了本应美好的记忆。买鞋就是个典型的例子。

玛丽害怕看到孩子们把鞋穿坏，因为这意味着她得带他们去买新鞋。孩子们喜欢穿新鞋，最初的时候，他们也跟大多数孩子一样期待买鞋这件事。这本来可以成为一次快乐的出行，因为挑选新鞋是孩子们相当喜欢的事情，但结果往往事与愿违。

玛丽嘴上总是鼓励孩子们挑选自己喜欢的鞋，但当他们真的选中某双鞋时，她就开始挑剔这双鞋的颜色、价格、尺寸，想方设法地把它贬得一文不值。孩子们挑鞋的兴奋劲儿开始消退，取而代之的是一种妥协的态度——“随便你吧，妈妈，我怎样都好”。玛丽拿起两双鞋，反复对比斟酌很久之后，他们才买了鞋离开商店。最后，玛丽和孩子们都筋疲力尽。孩子们得到新鞋的兴奋之情完全被买鞋后的疲惫取代了。

玛丽并不想这么做，但同样的事情却反复发生。她经常在离开鞋店后向孩子们道歉，并且总是在做思想斗争。“放下鞋子吧，”玛丽自责不已，“这太愚蠢了。”她不明白自己为何一再重复连自己都痛恨不已、迫切想要改变的行为。

一天，在又一次经历沮丧的买鞋之旅后，6岁的儿子一脸失望地问她：“你小时候讨厌买新鞋吗？”玛丽的脑海里立刻浮现出一个回答：“是。”她想起小时候每次都充满挫败感的买鞋经历。

玛丽有8个兄弟姐妹。因为要买很多鞋，母亲每次都只在大减价的时候去鞋店，那里总是挤满了顾客，但价格倒很合母亲的心意。玛丽从来没有单独跟母亲去过鞋店，因为总会遇到三四个兄弟姐妹同时需要新鞋的情况，所以每次她都是在拥挤的人群中，带着复杂的心情挑选新鞋。她知道自己不可能得到真正想要的那双鞋。因为她不幸长了一双“大众脚”，打折期间适合她的鞋都被别人挑选得差不多了，她可以选择的鞋少得可怜。她还常常看上不打折的新款鞋，而那是母亲肯定不会给她买的。

而玛丽的大姐长了一双非常“修长”的脚，适合她的鞋很少打折，所以母亲总是允许她买自己想要的鞋。玛丽很生气，觉得自己被忽视了，但母亲却说她应该高兴，因为她很容易买到适合自己的鞋。等给所有的孩子都挑到合适的鞋以后，母亲已经非常疲惫了。母亲做决定时优柔寡断，花钱时不甘不愿，这使她的情绪最终变得像一座活火山，总是让玛丽担惊受怕。玛丽“沦陷”在一片情绪之海里，只盼着早点回家，逃避一切跟买鞋有关的场景。欢乐的购物之旅就这样毁了。

如今，很多年过去了，为孩子买鞋的经历又把玛丽带回幼时的情绪模式中。当年母亲忙着催促孩子们上车，忙着把满满当当的大包小包往车里塞，根本没注意到她从鞋店出来后的低落心情。

儿子的问题让玛丽回忆起了这些事情。她想起了小时候不愉快的经历和烦躁心理，而这正是如今影响她和孩子关系的主要原因，也是导致她无法把买鞋这件事变成一次欢乐之旅的罪魁祸首。导致玛丽焦躁行为的并非现在买鞋的经历，而是多年前的问题没有得到妥善处理。

过去未解决的问题可以在很大程度上影响我们的个人生活和人际关系。这种经历常常伴随强烈的无助、绝望、恐惧和被遗弃感，若未能妥善处理，它将对我们之后的生活产生很大的影响。

仍然以母子分离为例，这一次情况更为极端。如果一个母亲由于长期抑郁而需要经常住院，孩子因此被送往不同的看护人那里，孩子的内心就会产生一种强烈的绝望和不安。这种情况还会导致她焦虑，并在有了自己的孩子之后，影响她对待母子分别的态度。作为一个母亲，她很可能也存在与孩子沟通困难的问题，因为她的情感依恋已被破坏，她无依无靠。如果在生下自己的儿女之前没有妥善处理这些早年经历，感情、行为、认知和身体方面的记忆就会持续干扰她之后的生活。总而言之，父母的早年经历会对亲子关系造成严重的影响。

突如其来的失控

作为父母，我们很难在备感压力的时候坦然地面对过去的某些经历。当我的儿子还是婴儿时，一哭起来就没完没了，怎么安慰他都无济于事。每到这时，我就会有一种奇怪的感受，会有种恐慌蔓延而至并将我笼罩，让我失去理智，再也无法保持平静。

我试着剖析自己，认为原因很可能是在我还是婴儿的时候，哭泣很长时间都没有人理会。我试着这样讲述我的故事："小时候我经常因为受到惊吓而哭泣，但我不得不去适应这种被抛弃的感觉。现在，儿子一哭，我心里的恐惧就被重新唤起，就好像遭受一种连锁反应式的恐慌。"为此，我苦苦思索了很久。

由于婴儿记忆缺失期的存在，我对这个故事的准确性没有把握，而且在讲述故事的过程中，我对过去的印象和感受都不深刻，也没有出现什么情绪波动和冲动行为。换句话说，我的讲述里不存在任何非语言形式的回忆。虽然这种解释与如何消除我的恐慌关系不大，但我认为这并不意味着它是错的——它只是不足以帮助我对自身的恐慌进行分析和解释。

记得有一天，我和6个月大的儿子待在一起。他突然哭了起来，我想安慰他却做不到，感到很无助。我又感受到了那种奇怪的恐慌。一个场景在我的脑海里浮现。

> 一个孩子躺在检查床上大声哭喊，眉头紧锁，充满恐惧，脸色潮红。一位实习同事正按着他的身体。我不忍心听孩子喊叫，也不敢看他的脸，只能移开视线。这是儿科病房的治疗室，我和同事的任务是给孩子抽血。当时正值午夜，我们在休息时突然被叫醒，去检查小男孩发热的原因。他高热，我们必须给他做抽血化验，以免引发感染。

这里是加利福尼亚大学医学中心，和任何一家医学院的附属医院一样，来看病的孩子通常都病得很重。虽然很多孩子都是医院的“常客”，但这并没有减轻他们对抽血的恐惧；相反，经常抽血加深了这种恐惧，也给血管带来了损害。我和同事每天晚上都要给孩子抽血，而且要随时待命。现在正好轮到我了。

如果孩子胳膊上的血管由于抽血过多而布满了针孔，这条血管就不能再用。有时候要找好多条血管才能找到合适的。我和同事常常为谁抽血、谁按住孩子推让一番。抽血时，我们必须堵上耳朵，横着心，因为不敢看孩子恐惧的表情，刻意忽视孩子滴在我们手上的眼泪，也不去听耳边回响的哭声。

而此刻，我清楚地听到孩子的哭喊声。血没有抽出来，我必须换一个地方。“再扎一次就好。”我告诉孩子。他可能没有听见，或者听见了，但不明白我的意思。他发热了，感到害怕，不停地哭喊，也无法得到安慰。

突然，我睁开眼睛，发现自己全身都在出汗。我的手不停地颤抖，儿子还在哭，同样在哭泣的还有我。

这种突然闯入的回忆深深地吓到了我。过去，每当这种突然闯入的回忆消失时，我才会想起更多以前实习时的场景。我曾对一些很亲近的朋友和同事讲起这些经历，但我一说起那些紧张的夜晚，胃里就会感到一阵恶心，甚至手还会痛，感觉自己好像得了流行性感冒。当这些景象从脑海里消失时，我又会感到深深的绝望和恐惧，脑海里还会遗留一些孩子的印象。

我会深陷在回忆里：“我不敢看孩子，但我必须拿到血样。”而且，在回忆里以及和同事讲话时，我都会不自觉地把视线转向一旁。那个时候，我们根本没有时间去想孩子有多痛苦，或者他们有多害怕我们。我们也没有机会思考自己心理上承受了多少压力。我们只能一直做下去——停下来思考只会加深痛苦，而且会使工作无法进行。

不易提取的记忆

为什么在儿子出生以前，我早年生活中的这种“精神创伤”只是表现为一些回忆的闪现以及某种情绪、行为或者感受？要回答这个问题，需要考虑很多方面，比如记忆的提取（大脑对这种未得到妥善处理的精神创伤有特殊的编码）。很多因素会影响人们对特定记忆的提取，包括经历的性质和内容、回忆者所处的人生阶段、回忆者与他人的人际关系以及在编码和回忆过程中的心理状态。

我是家里最小的孩子，而且在儿子出生以前，我也没有其他小孩。所以在儿科病房实习结束以后，我就再也没有和经常哭闹而得不到安慰的孩子相处过。但是当自己有了一个经常哭闹的孩子之后，我就开始有了情绪上的恐慌。人们认为这种恐慌是由哭闹的孩子引发的一种非语言形式的情绪记忆。对我而言，这种恐慌一旦来袭，首先我会在脑海里搜寻亲历式记忆，但这只是徒劳。况且，我也寻找不到任何能让我想起在儿科病房实习的回忆。之前我一直认为，这些经历“虽然有趣却结束了”，所以我并没有有意识地反省它，但如今这些回忆还时不时地闯入我的脑海。

出现这种结果的一个原因是，这些导致情感创伤的经历没有以特定的方式进行处理，所以在日后回忆时不容易提取。当人们遭受情感创伤时，往往会出现一种特定的适应性，即在心理上有意识地忽略他人带来的惊恐感受。与此同时，过度释放的应激激素也会直接损害大脑的某些功能，而这些功能与亲历式记忆的存储密切相关。在创伤经历过后，这些经历的细节记忆仅仅以非语言的形式进行编码，所以这在日后极有可能唤起人的痛苦情绪，而这些情绪常常让人心乱如麻。

我在医院实习时，与这些遭受恐惧的孩子相处感觉太过压抑，难以承受。那段日子我的情绪一直很紧张，而这份工作要求又高，加上病人数量庞大，交接班时间短，病人的病情又严重，我濒临崩溃。同时，我还常常为孩子遭受的痛苦和恐惧感到羞愧。我想实习一结束，我可能会说：“好，现在让我回忆一下我曾经带给孩子们的那些痛苦吧。”但实际上，我并没有对那段实习经历进行反思。而现在，我不得不重新思考这些情感创伤。

作为实习生，我们一直把自己当作精神饱满、信心十足且内心坚强的医务工作者，以为这样就能对病人的无助和脆弱视而不见。那时，我们常常无意识地掩饰自身的脆弱，但孩子们的表现往往让我们的掩饰功亏一篑。现在回想起那段经历，我觉得孩子们的脆弱表现是我们工作上的最大敌人。他们的病情本来就已经很严重，要治愈不容易，而我们又给他们增添了不堪承受的悲伤和绝望。

在那段令人心悸而又难眠的日子里，我们与疾病抗争，与死亡和绝望的现实抗争。无助占据了我们的内心，我们的精神濒临崩溃。面对那些无法征服的病魔，我们只能把怒气发泄到自己脆弱的心灵上。

这些过去没有妥善处理的问题，让我在初为人父时就成了一个心理脆弱的父亲。当孩子哭起来而我又无法抚慰他时，我就会感到紧张和羞愧——这种感觉让人难以忍受。幸运的是，经过一段痛苦的自我反思之后，我意识到这是因为我自身有一些早年未妥善处理的问题，与孩子没有关系。而且这种反思和分析也让我认识到，因为无助而产生的情绪上的无法忍受，会导致父母把这种无助怪罪到孩子身上，从而给孩子带来伤害。

即使在生活中我们非常关爱孩子，但我们仍有可能带有以前形成的心理防御，这会使我们在面对孩子的一些行为（比如经常哭闹）时不能做出恰当的反应，还会感到难以忍受。这也许就是“父母矛盾心理”的来源。如果孩子的某些行为会经常唤起我们情绪上难以忍受的反应，而我们对此没有清醒的认识，又不能做出解释和分析，以后我们与孩子的相处就会出现问题。对于这种难以忍受的感觉，我们可能会假装体会不到，或者故意忽视孩子的情绪，这样又会造成孩子与现实隔离，无法认识到他们自身的情绪。

除此之外，这种难以忍受还可能导致一些非理性行为，比如对孩子过于敏感，或者在无意中给孩子带来伤害。结果致使孩子不再信任我们，默默地忍受这种敌对式的情绪反应。这种忍受会根植进孩子的内在意识，从而对他们日后处理自身类似的情绪造成极大的影响。

Parenting from the Inside Out 教养笔记

◎ 如果父母有一些未妥善解决的问题，就要停下来想一想，反思自己对孩子的情绪反应方式，不要对孩子造成无辜的伤害。通过分析和认识自己，父母才有可能帮助孩子形成强烈的自我意识，让他们自由地感受和了解自己的情绪。

记忆的形式

为何会有悬而未决和亟待解决的问题？过去发生的事情为何能够影响现在？从前的经历如何左右我们今天的思想？为何过去的事情不仅能够影响现在的认知，也能决定我们未来的生活？

通过研究人类的记忆，我们可以找出这些问题的答案。自生命之初，人类的大脑就能对由神经元（大脑最基本的构成元素）之间的联结产生的种种经验做出反应。这些联结支撑着大脑结构，帮助大脑记忆。

大脑结构（见图 1-1）决定了大脑的功能，功能又决定思想。尽管基因也决定了大脑构造的基本特征，但真正促使神经元之间建立独特联结并塑造每个人独特大脑结构的，还是我们的个人经历。这样看来，人生经历可以直接影响大脑的发育，并决定我们拥有独一无二的思想。

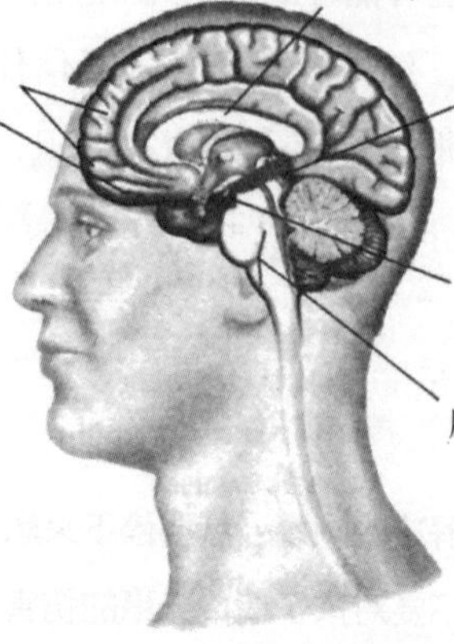

图 1-1　大脑结构示意图

注：海马与杏仁核都属于位于脑部中央的内侧颞叶系统的一部分。与记忆有关的主要结构已在图中标明，包括杏仁核（负责内隐情感记忆）、海马（负责外显记忆）以及眼窝前额叶皮质（负责外显自传记忆）。

大脑可以对过去的经历产生反应并创建出新的脑内联结，这一过程就是“记忆”。两种主要的脑内联结生成了两种记忆形式：内隐记忆和外显记忆。内隐记忆可引起大脑某些特定回路的反应，包括基本情绪、行为反应、认知观点，还可能涉及身体感觉的编码系统。内隐记忆是早期非语言记忆的一种，自出生起就存在，并且会活跃于人的整个一生。内隐记忆还有一个重要特征，人们称其为“心理模式”。通过建立心理模式，大脑可以对重复的经历做出反应。

比如，如果一个婴儿在母亲安慰他的时候得到舒适和放松，他就会在大脑中对这种经历做出归纳，认为母亲的出现可以给自己带来安全感，以后再遇到困难或伤痛时，这种心理模式就会启动，促使他寻找母亲以获得安慰。我们的依恋情结能够影响我们对他人以及自身的观感。在与依恋对象多次接触之后，大脑就会建立起感知模式，这种模式可以影响我们对他人以及自身的看法。

在上面的例子中，孩子把母亲看作一个安全而富有责任感的角色，而把自己看作一个有能力影响周围环境、能够使自己的需求得到满足的角色。这些模式构建出一个筛选系统，它可以将我们的各种想法以及对世界的不同反应进行分类。正是有了这一筛选系统，我们才能拓展出各自不同的感知和行为方式。

内隐记忆具有一种令人不可思议的特征。当内隐记忆被恢复时，人们并不会觉得自己正在“回忆”某些东西，甚至不会意识到这种个人内在的体验其实源于过去发生在自己身上的某件事情。因此，情绪、行为、身体感觉、感性认知以及对某些特殊的无意识思考模式的心理偏向都有可能影响我们当下的体验（感觉和行为都受到过去的影响）。尤为奇妙的一点是，我们的大脑能够在不知不觉的情况下对内隐记忆进行编码，这意味着我们无须在有意识的情况下，就可以将一些事物纳入内隐记忆中。

1 岁之后，随着大脑中海马的发育，一种新的记忆组织机制逐步建立，这就使第二种主要的记忆形式——外显记忆的产生成为可能。外显记忆包含两种记忆：一种是语义记忆，又称事实记忆，幼儿在 1 岁半左右就有这种记忆了；另一种是自传记忆，又称情景记忆，幼儿在 2 岁之后才开始形成这种记忆。自传记忆形成之前的这段时期称为“婴儿记忆缺失期”，是一种无论在哪种文化背景下都会出现的普遍发育现象。这种现象并不是由创伤导致的，而只是因为大脑的某些特定组织还未开始发育。与内隐记忆相反，当外显记忆启动时，人们会意识到。无论是哪一种外显记忆的编码过程，意识都不可或缺。

自传记忆的独特之处是它具有一种自我认知感和时间感。产生自传记忆的前提是某大脑组织发育完全。此大脑组织被称为“前额叶皮质”，因为它位于大脑最上层脑皮质的最前部。前额叶皮质对于包括自传记忆、自我意识、反应能力、直觉预警以及情感调节在内的多种大脑活动都非常重要。这些大脑活动正是由依恋情结决定的，前额叶皮质的发育较易受人际关系的影响，这就是幼年时期与别人的关系会影响我们整个一生的原因。但是，这一重要的大脑组织在人体成年后也会继续发育，所以我们一直都有成长和改变的可能。

关于记忆的形式分类及各自特点可参见表 1-1。

表 1-1　记忆的形式分类及各自特点

内隐记忆	外显记忆
先天性	1 岁以后才开始形成
记忆提取时，人体并无意识	记忆提取时，人体有意识
包括行为记忆、感情记忆、知觉记忆，还可能有身体记忆	自传记忆具有一种自我认知感和时间感，与前额叶皮质有关
包括心理模型	包括语义（事实）记忆和自传（情景）记忆
记忆编码过程无须意识介入	记忆编码过程需要意识介入
与海马无关	与海马有关

别让过往的经历妨碍你做好父母

现在我们基本了解了大脑处理记忆的方法，接下来我们要为之前的难题找出解决之道。在前面提到的例子里，针对“婴儿记忆缺失期”而杜撰出一个似是而非的故事对我的情绪并无影响，也不能改变我的经历。我早年的一些经历也许无法通过外显记忆提取出来，但可以在暗中影响我实习期间的情感强度。

如果没有不断的自我反省，那些痛苦与烦躁的情绪还会继续影响我对孩子的养育方式。我也许曾在无意中感受过脆弱和无助带来的威胁。这种内在的、不易显现的情感历程已经在我与别人的相处中演变为一种系统化的主导思想，这种思想促使我苛责孩子对我的正常依赖并迫使孩子过早地自立。

我的这种经历长期影响着我，使我心里逐渐形成一种认知——反应迟缓、经常哭泣的孩子都是被宠坏的小孩，他们都很小家子气。如果没有自我反省，我也许会忽视自己未解决的问题，继续对哭闹的儿子大发雷霆。

Parenting from the Inside Out 教养笔记

- 父母的矛盾心理有多种表现形式，通常来源于未能解决的问题。父母们可能会发现，由于自己内心充满了矛盾的情绪，他们很难对孩子敞开胸怀、加以关爱。

童年时期形成的防御心理让我们很难放下包袱，去适应“孩子的关爱者”这个新角色。即使是孩子的正常表现，比如情绪化、无助、脆弱以及对我们的依赖，也会让我们感觉压力巨大，无法忍受。当我试图为孩子缓解压力时，我自身的矛盾心理却导致我的真实行为与心中所想相左。我不但没有包容孩子、给他安慰，反而表现得非常不耐烦而易怒。而一旦意识到这种情况，我就可以做出改变。

我跟朋友们说起过实习期间的回忆。我也写过日记。研究发现，记录情感创伤经验有利于心理和生理的复原。但充斥在谈话、漫步和文字间的全是恐惧和伤痛。这是我的本能反应。我感到很不舒服，我的胳膊在颤抖，双手也异常疼痛。

开始那段时间，当儿子哭泣时，我还是会感到惊慌和愤怒。我对自己说：“这种情绪来自我的实习经历，跟儿子无关。”虽然痛苦还在，但是我感觉舒缓了一些。随着时间的推移，关于实习期的谈话和写作仍在继续，我渐渐意识到认同、接受以及正视自己和儿子的脆弱与无助的重要性。我心中的痛苦和烦躁明显缓解。我需要不断地提醒自己，惹哭儿子的并不是我，脆弱与无助是孩子的正常表现。厘清过去，让我学会了接受年幼儿子的哭闹，同时体会到安慰孩子的艰辛和做个好父亲的不易。

关于实习经历的记忆闪回再也没有出现过。那种痛苦带来的巨大压力也消失了。之前一直以内隐方式存在的记忆现在也变成了外显记忆。那个时期的内隐记忆如今已经融进了内容更为丰富的外显自传式叙述中，记忆形式也随之改变。面对以往经历带来的脆弱和无助，为了找出解决办法，我在后来的生活中不得不勇敢地面对由此引发的诸多情感问题。

清除内心的噪声

当父母面对自己未完成的工作而推卸责任时，他们失去的不仅仅是做“优秀父母”的资格，还有自身发展进步的机会。对自身行为及强烈情绪反应的根源不甚了解的人，无法意识到自己正面临困境，也不清楚自己的内心已经充满了为人父母的矛盾情绪。

在生活中，我们往往会遇到各种严苛的形势，要求我们必须尽快适应并做到最好。很多人都会经常因为未完成的工作或者未解决的事情而被人质疑其能力。任何一件悬而未决的事情都会让我们在面对孩子时丧失耐心、口不择言，而这种态度和言语对孩子的成长没有任何好处。我们并没有真的在听孩子讲话，因为我们内心关注的事情太过喧嚣，根本听不清除此之外的任何声音。我们与孩子正在疏远，并且很可能像以前一样采取对自己和孩子都不利的措施。之所以会这样，是因为我们已经习惯了以过去经验为基础的“被动回应”模式。

某些痛苦的事件或无可挽回的损失所产生的内隐记忆可能让我们沉溺其中、难以脱身，因此，我们很容易忽略孩子的感受。我们在不知不觉中习惯了这些早期经历的存在，逐渐变成了现在的样子。我们为了生活而生活，却没有去体会生活的真正意义。那些未解决的事情的介入会直接影响我们看待自己以及对待孩子的方式。当这种烦扰过多地入侵我们的生活后，我们就在无意中从人生的“自传作者”变成了“记录者”——单调地记录过去如何发展，而这往往会影响我们当下的生活和对未来的决策。

面对教育孩子这个问题时，我们很难再做出理智的决定，而更习惯于按过去的经验办事。我们就像丧失了选择方向的能力，仅仅靠“自动驾驶”盲目前进。我们总是试图控制孩子的感觉和行为，事实上，我们之所以会心烦意乱，不是因为孩子的行为，而是因为我们的内在经验。

对孩子的行为感到心烦时，如果能考虑到自身的内在经验，我们就能学着了解自己的举动对健康的亲子关系有多么消极的影响。解决了自己的种种难题，我们也就能学会运用更加灵活的方式来对待孩子。我们可以试着把记忆融入与之契合的生活经历中，努力为孩子和自己营造健康的发展环境。

Parenting from the Inside Out

反思练习

1 当你情绪不稳或怒气冲天时，把这种情绪如实地记录下来。你会发现引起你情绪波动的是孩子几种固定的行为。注意到这一点后，先不要急着改变自己的反应，暂时做到心中有数即可。

2 放宽视野，想一想你对孩子做出如此反应的深层原因。内隐记忆的特征是人们并不能意识到他们正在“回忆”一些东西。为了使内隐记忆外显化，你需要集中精力回想过去经历里的“自动化”成分，这对加深自我了解、加强你与孩子之间的沟通非常重要。

3 回忆某件影响了你与孩子沟通的事情。仔细分析这件事的经过。你是否想到了一些源自过去经验的思想或者行为模式？此刻出现了哪种内心情感和身体感觉？你是否在其他时候也有过这样的感觉？这些思想和情感会对你的自我认知以及亲子关系产生何种影响？又会如何影响你对未来的期待？

科学聚焦

Parenting from the Inside Out

自人类历史有记载以来，人们就对认识世界和了解世界充满热情。随着科学技术的不断进步，人类所能提出的问题以及回答问题的方式变得越来越复杂，研究设备越来越精密，涉及的专业领域也越来越广泛。几千种专业刊物，无所不包的广泛领域，种类繁多的从属学科，这一切都在积极地研究着这个我们身处其中的世界。

在这本书中，我们将使用跨学科研究的方法来获取知识。正如我在《人际关系与大脑的奥秘》一书中所分析的，这种方法基于这样一种认识，即世界是一种包括人类经验在内的相互联系的“现实存在”，只有通过仔细、深入的研究才能获得更为深刻的认识。然而，任何一种方法都有其局限性，就像古老的寓言故事《盲人摸象》里说的那样，那些盲人摸到的都只是大象的一部分，他们的感受和看法也只能反映部分客观现实。把每个盲人对大象的感受结合起来，才能产生一个完整的大象形象。

跨学科的出发点在于，从众多相对独立的学科中找到交叉点，然后把这些相互关联的研究结合起来。进化生物学家爱德华·威尔逊在他的著作《知识大通融：21世纪的科学与人文》（*Consilience: The Unity of Knowledge*）中说过，由于各学科之间的相对独立性，知识的融合在学术背景下不太容易实现。然而，跨学科方法能在这种独立性之间架起桥梁，从而推动科学进步。

本书将引用从人类学到心理学，从脑科学到精神病学、语言学与教育学，再到人际交流方式的研究成果进行探讨、分析。这种跨学科方法已被美国心理与文化研究基金会以及加利福尼亚大学洛杉矶分校的文化、大脑与发展中心运用于教学实践。校方为对跨学科感兴趣的学生和教师提供了专门的教学和训练方法，以培养新一代的跨学科研究人员、教师以及实践者。

依恋、思维与大脑：人际神经生物学

几千年来，人们从未停止过对人类本性的研究。人的内心往往被定义为灵魂、心智或者思维，而且人们普遍认为它是由大脑活动产生的一种功能实体。大脑是身体的一种协调系统，对此神经科学已经有了大量的研究和分析。脑科学则主要探索大脑神经通过发出信号而产生思维这一过程。

与此同时，相对独立的心理学则从各种维度，比如记忆、思维、情绪以及成长等方面对人类进行探索。我们对孩子成长的认识，也因其分支学科“依恋理论”得到了很大的拓展。比如，“依恋理论”的研究针对父母与孩子的相处方式会如何影响孩子的成长提出了新的观点。研究证实，孩子与其照顾者的关系和交流模式直接影响着他们的心理成长。

我们可以把对大脑如何产生思维活动（神经科学）与人际关系如何影响心理活动（依恋研究）的研究结合起来。这种结合是人际神经生物学的本质所在，它能为我们提供一种框架，让我们对孩子与父母的生活经历做出分析。

人际神经生物学对成长产生影响的研究基于以下基本原则：

- 思维是涉及能量和信息流动的一种作用过程。
- 思维（能量和信息流动）能在神经生物学的作用属性与人际交流中产生。
- 思维是在基因控制的前提下，大脑对长期的生活经历做出反应而形成的。

尽管科学家认为，神经网络的信号发送模式产生了“思维”——一种容易受外界影响的心理活动，比如注意力、情绪以及记忆——但是我们对大脑如何产生这种心理上的主观感受并不了解。人们对大脑与思维的关系的一种认识是，思维是能量和信息的流动。比如，你能从外界观察到的思维能量可以是物理属性上你的嗓门大小，也可以是你与他人交流时的语气强度。神经科学家一般使用大脑电子扫描（可以显示出相关区域的化学物质含量变化或血液循环的加强程度，由特定区域的代谢增加量决定）、脑电波或显示脑波示意图对大脑各区域消耗的能量大小进行测量。

思维里信息的流动是指你正在阅读的这些文字的含义——是含义，而不是书页上的墨水或者这些文字的发音。含义是思维进行信息处理的一个重要方面。我们如何赋予文字含义将直接影响着我们对现实的感知和认识。对大脑而言，信息是由各种回路里神经元的信号发送模式产生的。回路的位置不同，信息的种类也就不同（视觉或听觉）；特定的信号发送模式决定了特定的信息（认出某物体是埃菲尔铁塔，而不是金门大桥）。

在所有刚出生的动物幼崽中，人类婴儿是最不成熟的物种之一。刚出生的婴儿，其大脑发育非常不完善，必须依赖成人的细心照料才能成长。随着不断的成长，孩子的大脑必定会发育得越来越复杂，这种发育依赖于基因信息和生活经历的共同作用。换句话说，婴儿大脑的欠发育意味着生活经历将在大脑各种功能的形成上起到极其重要的作用。而且，经历甚至会影响大脑的构造，这种构造决定了人们对生活经历的感知和记忆方式。

成人的照料能促使孩子形成生存所需的心智工具。对父母的依恋能让孩子健康成长，并在情绪调节、思维产生以及与他人的情感联结上形成高度灵活的适应能力。神经科学研究证实，这种心智的适应能力来自大脑内特定神经回路的协调作用。除此之外，依恋研究也发现，与父母的相处能使孩子健康成长，完善其心智。如果按照人际神经生物学的跨学科方法把这两个相对独立的研究结果结合起来，就可以发现依恋关系极有可能提升大脑在情绪、认知以及人际交往方面的协调能力。

记忆、大脑与成长：经历如何影响我们的成长

生活经历通过改变神经元之间的联结方式而不断改变着大脑结构。对于某个特定的大脑，“经历”在微观上是指神经元发出的离子信号在神经纤维（由数以亿计的大脑细胞相连形成）上的一种运动。我们知道，大脑内的神经纤维总长超过300万千米，而且，在大脑内200亿个神经元中，几乎每一个都与1万个左右的神经元相互联结。这种万亿计的神经突触的相互联结形成了像蜘蛛网一样复杂的神经网络。因此有人估计，大脑内神经元的信号发送模式大约有10的100万次方之多。因此，人类大脑被认为是宇宙万物中最复杂的事物。

记忆的工作方式依赖于神经元联结的改变。如果神经元因为某件事被激活，与这件事有关的记忆就会产生。比如，如果一只狗咬了你，同时你又听到了烟火声，那么以后再看到烟火时，你在心理上就可能出现疼痛和恐惧的反应。加拿大内科医生兼心理学家唐纳德·赫布研究了半个多世纪之后，发现这种相互联系的记忆的产生是“神经元相互发送信号、相互联结”的缘故。最近，精神病医生兼神经科学家埃里克·坎德尔证实，当神经元重复发出信号（即被激活）时，神经元核内的基因信息就会被“打开”，进而指示合成新的蛋白质，促使新的神经元突触联结产生。神经发送信号（经历）开启基因遗传机制，从而使大脑改变其内在的神经联结（记忆）。埃里克·坎德尔因这一发现而获得了诺贝尔奖。

大脑的发育往往伴随着神经元的生长及新神经联结的形成，这就不难理解为什么科学告诉我们记忆与成长往往是相伴发生的——经历影响着大脑结构的发育。虽然基因决定了大多数神经元的联结方式，但同样重要的是，生活经历通过激活基因的表达，也影响着这种联结过程的发生。事实上，生活经历确实影响着大脑的构造，它有其生物学上的意义。我们如何照料孩子会影响他们大

脑的发育，进而影响他们的成长。

在正常情况下，大脑由于受到基因的控制都能健康地发育——我们只需给大脑提供一种互动和反思的外在经历，这也是使孩子的大脑朝着社会化方向发育所需要的。

经历与记忆

记忆是生活经历影响神经元联结的一种方式，所以大脑内不管是现在还是以后出现的神经元信号发送模式，都会随着生活的变化而发生特定的变化。如果你从来没有听说过金门大桥，那么当你读到这个词时，你的反应就会与住在旧金山的人不同，他们能够轻易地认出这座桥，并产生感受、情绪以及与桥相关的其他联系。内隐记忆与外显记忆有着巨大的区别。婴儿的神经回路虽然处于发育状态，但是它们已经开始以内隐记忆的形式发挥作用，这种记忆形式从出生起甚至可能在出生前就存在。内隐记忆往往能够体现大脑以心智模式对外在经历进行概括的方式。

外显记忆虽然也使用基本的内隐编码机制，但除此之外，其对信息的处理还需要协调区域——海马的参与，而且这种处理与幼儿1岁半以后此区域的成熟度有关，此时幼儿的外显记忆才真正形成。随着海马的生长，思维逐渐能够将内隐记忆的各独立要素联系起来，并能对生活经历进行总结，并据此形成神经表征。这就是实际经历转变为亲历式外显记忆的重要过程。海马因此作为一种“认知图谱”，与大脑的感知力（视觉、听觉和触觉）及思维观念（想法、意见和理论）共同作用，进而产生具有关联性的神经表征。

幼儿2岁时，大脑前额叶皮质的进一步生长使其自我感和时间感慢慢形成，幼儿开始感受到亲历式记忆。在此之前，幼儿被认为是处于“婴儿记忆缺失期”的初期，此阶段虽然有内隐记忆存在，但亲历式外显记忆还不能够获取。即使在亲历式外显记忆出现后，幼儿还是很难连续而完整地记住他们5岁以前的事情。

年龄偏小的孩子往往通过假装游戏对他们的生活经历进行记忆处理。通过想象生活场景，他们能够实践新的能力，并在情绪层面认识和理解他们所处的社交世界。在假装游戏中构建故事，在幻想中进行假设，这也许是我们在思维模式上对生活经历做出的一种“理解”，并把这种理解根植入我们的自我意识。

上学后，幼儿的胼胝体和前额叶皮质逐渐成熟，随之产生记忆的固化作用，使幼儿开始从时间跨度上理解自我，并产生一种框架式自我认知，即“亲历式记忆”。这种神经生物学意义上的发育成熟也许解释了为何在成长初期，人们难以提取自身的亲历式记忆。记忆的固化作用使我们可以产生亲历式自我意识——这种意识在生活经历中形成，并随着我们的不断成长而持续地发生变化。

让人恐惧的生活经历与正常的生活经历相比，会对孩子记忆的形成造成更大的影响。这种未能妥善处理的精神创伤会阻碍正常的记忆编码和存储过程，比如不堪忍受的生活经历会阻碍海马对输入信息的处理，从而影响记忆编码的进行。在这种情况下，外显记忆的处理会遭到破坏。另一种破坏机制是分散注意力，即人的意识知觉只集中在非创伤遭遇上。在这种情况下，由于缺乏意识知觉，海马的功能会遭到破坏，进而影响外显编码的进行。

这两种破坏机制都有可能导致这种情况的发生：当人们提取内隐记忆时，会感觉记忆像泄了闸的洪水一样充斥脑海，却感受不到任何具体形式的回忆。并且，由于内隐记忆各要素之间缺少联系（由海马的编码作用形成），人们无法通过某种特定的背景去理解这些记忆。内隐记忆如果不经过外显处理，在某些极端情况下就会突然闯入人的脑海，而且很可能造成刻板的内隐式心智模式，从而对父母与孩子间的交流造成影响。

Parenting from the Inside Out

02 如何教孩子感知现实

故事力

讲述生活故事，即对个人的生活经历进行描述，能够帮助我们理解生活中所发生的一切。无论是对个体还是对群体而言，讲述生活故事都是为了分析我们的生活经历，并从这些经历中挖掘意义。生活故事对人类文明至关重要，共同的故事能够把我们与他人联系起来，从而产生对特定群体的归属感。具有特定文化内涵的故事会影响人们对世界的感知。从这个角度来说，我们创造了故事，而故事反过来影响了我们的人格和品性。因此，无论是对个人还是对整个人类来说，故事都是非常重要的。

故事的力量

每个人都有自己的故事，这些故事使我们加深自我认知，更好地理解自己与他人的关系。通过亲历式讲述，我们能够分析自己的生活，使我们对生活的感受变得厚重而有质感。通过分析生活旧事和心路历程，不断地加深自我理解，我们的生活故事也会不断地发展和变化。

孩子也在试图理解和分析他们的生活经历。给孩子讲述一次经历，能让他们更深刻地体会所发生的事情。这样的沟通和交流非常有助于孩子理解他们经历过的事情，从而成为善于反思、富有洞察力的人。如果和抚养者没有情感交流，孩子可能会情绪低落，甚至有羞愧感。

安妮卡 3 岁时进入玛丽的幼儿园，当时她家移居当地已经两年，她只会讲芬兰语。安妮卡外向、可爱，喜欢和小伙伴们玩耍，因此她的语言障碍也显得无关紧要。有几周时间，妈妈很放心地把安妮卡留在学校，直到后来发生了一件事。

那天早上，安妮卡玩得很高兴，突然她摔倒了，擦破了膝盖，她哭喊着寻找妈妈。因为语言不通，老师的安慰起不了任何作用，安妮卡的情绪一直很低落。老师让办公室助理打电话联系安妮卡的妈妈，并继续努力安慰安妮卡。

老师很快找来几个洋娃娃和一个玩具电话做辅助，向安妮卡讲述这件事。老师用一个洋娃娃代表安妮卡，用另外两个洋娃娃代表老师和妈妈，以此模拟安妮卡的遭遇。代表安妮卡的洋娃娃正在玩耍，然后摔倒了。这时老师给“安妮卡洋娃娃”配了音，呜呜地哭起来。看到这里，安妮卡停止了哭泣，注视着老师。“老师洋娃娃”对着“安妮卡洋娃娃”轻声说话，安妮卡又哭了起来。当“老师娃娃”拿起玩具电话给“妈妈洋娃娃”打电话时，安妮卡又停止了哭泣，重新开始观察和倾听。

老师用这些洋娃娃把安妮卡擦破膝盖这件事模拟了好几次，其间不断让助手打电话通知安妮卡的妈妈来学校。安妮卡本来就听得懂“妈妈”这个词和她自己的名字，加上老师用辅助道具重复讲述这件事，她开始明白发生了什么事。过了一会儿，安妮卡完全停止哭泣，回到快乐的玩耍中。当妈妈赶到时，安妮卡把洋娃娃和玩具电话拿给老师，因为她想听老师再讲一遍这件事，好让妈妈知道她膝盖受伤这件事以及她的不快乐。

讲故事这个办法很好地安慰了安妮卡，她不但明白了发生了什么事，也对妈妈的到来有了预期。作为成人，我们经常用语言讲述自己的故事，而对孩子来说，洋娃娃、布偶或者图片等辅助物能够帮助他们理解自己的经历，从而明白自己当下的处境。当孩子明白了发生的事情以及接下来会发生什么事时，他们的不快乐就会大大减少。

Parenting from the Inside Out 教养笔记

- 通过借助洋娃娃、布偶或图片等辅助物向孩子讲述事件经过，可以让孩子明白发生了什么事情，了解自己当下的处境，从而减少不安等负面情绪。

也许有些童年的经历你在当时无法理解，因为没有成年人帮助你去分析它。在生活的最初，人们就试着去理解世界，并利用和父母的关系去调节内在的情绪状态。随着不断的成长，孩子会逐渐具备运用自己的人生经历创造亲历式讲述的能力。讲述故事不仅是孩子理解世界的重要方法，也是他们调节情绪的主要方式。

我们讲述生活经历的方式体现了我们如何理解生活中发生的事情。当你讨论自己的生活故事时，你会有什么样的感受或想法？你有没有觉得自己好像在讲别人的故事，或者好像在心理上重新经历了这件事？有没有什么特别的事情让你情绪激动并且直到现在还让你如鲠在喉，即使它们发生在很久以前？你能不能记起早年生活的很多细节？讲述早年经历时你有什么样的心理感受？

生活故事能给我们一些提示，从中可以看出过去如何影响现在。我们讲述生活故事的方式以及讲述过程中的侧重点，体现了我们对世界和自己的理解。比如，你可能会想起家里发生的一些事情，而不太在意家庭成员之间的关系。有些家庭里，家庭成员之间的关系非常疏远，他们很少分享彼此的情感。在这样的家庭里，父母和孩子都有可能在构建丰富的亲历式故事时出现困难。他们讲述的故事里就很少有细节回忆，也缺乏情感交流的内容。父母和孩子对外界以及自己和他人心理的感知能力都非常薄弱。总之，讲述生活故事能开启我们的心智，帮助我们理解自己和他人的内心世界。

大脑的感知方式

思维是一种大脑活动，有很多不同的处理模式。从基本层面来说，我们有不同的感知系统，例如视觉、听觉、触觉、味觉以及嗅觉。从另一层面来说，在语言、空间思维、运动、音乐、数学、个人内心以及人际交往等方面，我们有着不同的“智力”水平。思维极其复杂，它感知和联系外界的方式既独特又令人惊叹。我们的感知方式会直接影响我们的行为方式。正如生物组织有输入和输出通道，大脑也有从外界获取信息，然后进行内在处理（即认知），最后产生特定反应的过程。“输入—内在处理—输出”，这是描述大脑功能和神经系统最基本的方法。

我们能够检测出左脑和右脑对输入信息的处理方式是不同的。低等动物不对称的神经系统经过几百万年的发展演化，导致左脑和右脑差异显著。这两个在物理上分开的区域由被称为“胼胝体”的神经组织连接在一起。这种分离能使左脑和右脑在某种程度上独立运作，进而运行不同的处理模式。由于神经信息在左右脑间来回传递，因此形成了一种协调处理模式，这能使大脑功能达到较高的水平。左脑和右脑感受与处理信息的方式也不相同，这使大脑拥有多种功能。如果左脑和右脑能够协调运作，我们的思维能力就会强很多。

左脑和右脑的“输入—内在处理—输出”模式是不同的（见表 2-1）。右脑处理模式的特点是非线性和全面性。这种模式擅长吸收和处理视觉及空间信息，比如亲历过的事实、非语言信息、肢体感受、心智模式、紧张情绪以及对社会的认知，都主要由右脑处理。

表 2-1　　右脑处理模式和左脑处理模式

右脑处理模式	左脑处理模式
非线性	线性
全面性	逻辑化
视觉—空间	语言化
主要擅长：	主要擅长：
• 亲历式信息	• 演绎推理——寻找因果关系
• 传递和感受非语言信息	• 语言分析——使用文字描述世界
• 紧张和原始情绪	• “正确—错误比较”思考
• 意识、规则以及身体各部位的协调	• 信息处理中需要左脑发挥主导作用
• 社会认知和心智直观——理解他人或外界	
• 信息处理中需要右脑发挥主导作用	

左脑处理模式与右脑处理模式截然相反，其特点是线性、逻辑化、基于语言处理。“线性”的意思是在函数模型里，一条线上的数据紧密相关。“逻辑化”是指追求因果关系，比如自然界里的各种关系模式。基于语言的处理与信息处理中的数位（是 / 否，开 / 关）概念相似，它们都包含在文字之中，比如你正在阅读的本页文字。

大脑剖面结构图和大脑顶部视图如图 2-1 所示。

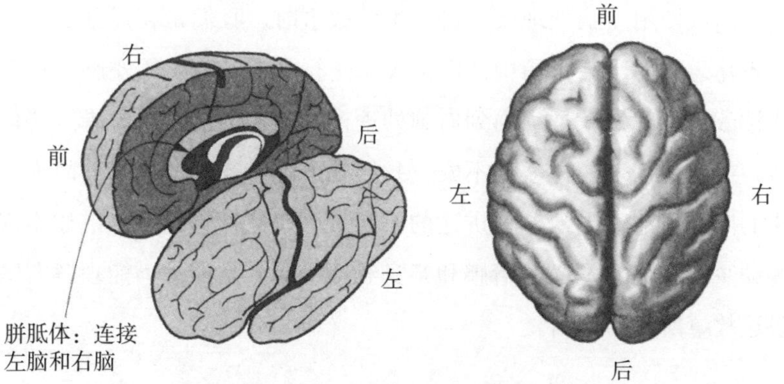

图 2-1　大脑剖面结构图和大脑顶部视图

讲故事与左右脑模式的融合

在《人际关系与大脑的奥秘》一书中，有个观点是讲述（即理解和分析生活）形成于具有解释功能的左脑模式和储存了亲历式信息、社会信息以及情感信息的右脑模式的融合。只有当左脑模式的解释功能和右脑模式的非语言信息及亲历式信息处理功能协调融合时，一个连贯的叙述才能产生。

作为父母，分析和解读自己的生活很重要，因为这能让你与孩子建立充满情感交流的良好关系。如果你对自己的生活经历有完整、连贯的感受，则有助于孩子认识他们自己的生活。通过了解左右脑处理模式，你能够提高对自己生活的理解力。每个人都能够使自己远离那些不可控制且难以预料的原始情绪。这种远离被视为一种由左脑处理模式起主导作用的状态，即在某个特定的时刻左脑对右脑输入的信息不予理睬。

相比之下，在另外一些时候我们的意识可能会被各种感受塞满，不能有逻辑性地思考或分析。我们可能会失去时间概念，被自己的感受紧紧抓住，注意不到事物之间的因果关系。我们会沉浸在以往经历带来的身体感受和情感回忆里，而这些都是右脑处理模式的特征。

当我们试图用左脑处理模式讲述生活故事时，我们是在用基于语言的、线性的逻辑化思维对生活经历中的因果关系进行分析。若要用左脑处理模式讲述一个线性故事，我们就必须用到右脑处理模式储存的信息。如果这些信息不容易获取，或者像水波一样涌动不安，我们就不能讲述一个连贯的故事。过去悬而未决的问题可能会导致这种讲述的不连贯。在这种情况下，讲述不连贯要么是因为缺少丰富而有意义的情感和亲身经历，要么是因为不能理解右脑处理模式对讲述故事所起的作用。

一位十几岁的少女体会不到失去父亲的悲痛，到三十几岁时谈及当时的事情，她可能会突然泪流满面，无法继续讲述她的人生故事。她最后一次和父亲在一起时气氛很紧张，因为父亲反对她和男朋友交往，他们发生了争吵，结果诱发了父亲严重的心脏病。直到很多年后，她能够正确面对自己的内疚感了，她才能心平气和地为父亲哀悼，并把父亲去世这件事融入她对生活的连贯叙述中。

你要不断地进行自我思考，试着去感受两种思维模式到底有什么不同。把这两种思维模式融合起来，对建立完整、严密的思维以及讲述连贯的生活故事都是必不可少的。

‖思维的协调程度‖

我们和孩子的关系是建立在很多共同经历之上的，那些能够触动内在心理感受的经历能够促进良好、健康的人际关系。如果不同的处理模式能够协同运作，我们就可以说它们是“协调”的。

我们来思考一下大脑可能以什么样的方式协调运作。如果说解剖学上所谓的“高级大脑皮质”这种复杂的反思性和概念性思维活动，是由大脑深层区域最基本的情感冲动所引起的，我们就能以一种纵向协调模式、以一种高水平的处理模式对外界做出反应。如果大脑皮质的反思机能被切断，我们就会进入“低水平反应模式”状态，思维协调不起来，我们也因此变得僵化而不灵活。

同样，思维也有横向协调模式，在这种状态里左右脑协同运作。这种左右脑的协调性是我们对自己的生活进行分析后做出连贯叙述的关键所在。由于连贯的叙述能够体现孩子是否在情感上依赖我们，所以这种左右脑的协调处理模式尤为重要，它决定了父母是否有能力为孩子提供一个安全、可靠的成长环境。

构建我们生活故事的除了纵向和横向协调模式，还有另外一种协调模式——时间协调，即通过时间跨度把思维处理的不同阶段连接起来。这是构建生活故事的基础：它连接着自我的过去、现在以及可预期的将来。这种心理上的“时间之旅”是故事的一个重要特征，因为这种特征在实际生活中普遍存在。

Parenting from the Inside Out 教养笔记

◎ 我们和孩子的关系是建立在很多共同经历之上的，那些能够触动内在心理感受的经历能够促进良好、健康的人际关系。

‖思维与幸福感‖

良好的人际关系和心灵的幸福感取决于我们的思维是否具有流畅、活跃且协调的处理能力。幸福感在很大程度上取决于思维的协调程度，这种协调性可以加强我们与自我和他人进行沟通的意识。通过这种不同层面的协调提升，我们的自我认知和人际关系将大大改善，我们和孩子的生活也会更加丰富多彩。

拿出自己的故事与他人进行心与心的交流和分享是我们进行人际交往的一个基本方法。故事能让我们拥有和谐、良好的人际关系。当我们想起生活中重要的人时，出现在脑海里的，往往是那些我们最为珍视的关系。在婚礼、毕业庆典、各种聚会和葬礼上，与会的人们将各自的经历娓娓道来，好像他们共同见证了时光飞逝一样。他们讲述的故事也在空气中慢慢地弥散开来。

不断反思你的生活故事，可以加深你对自我的认识，帮助你把情感融入日常生活中，并且运用那些有价值的认知方法。当你的思维随着自我反思发生变化时，你也许会发现你和孩子的相处体验发生了变化。经历会影响思维方式，就如同思维方式会影响经历一样。通过不断反思你的生活故事，你会慢慢成长，自我认识会加深，这些又可以反过来提升你的心灵感知能力，增加你对孩子的敏感度。

Parenting from the Inside Out

反思练习

1 仔细阅读表 2-1 中的内容，从你的个人经历中找出与这两种模式的思维特征相对应的例子，并将其写下来或者记在日记里。特别要注意你和孩子相处时的一些毫无逻辑且突如其来的心理感受，这些都属于右脑模式的思维特征。

2 在反思你的经历时，要特别关注脑海里那些属于右脑模式的非语言景象。在讲述人生故事时，要注意脑海里出现的景象和回忆，也要注意一些特殊问题。这些问题可能影响了你与孩子的相处。把它如何影响你的成长以及你与孩子的相处写下来，想想这些问题的哪些方面对你影响最大，最后思考如何解决这些问题。

3 用 3 个词描述你与孩子的关系并思考：这些词与你描述自己儿童时期和父母的关系时用的词相似吗？或者它们有什么不同？这些词能准确地概括这些关系吗？在这些重要的关系中，是不是有一些回忆不适合这种概括化的描述？这种例外的情形在你和父母以及你和孩子的生活故事中是如何体现出来的？

科学聚焦

Parenting from the Inside Out

对生活故事进行科学的分析需要我们全面考虑众多学科的知识，从人类学与文化研究，到心理学与对人们如何整合记忆的研究。家庭生活会影响我们对世界的认识。我们所处环境的文化也会对我们的思维方式以及构建有意义的生活产生深远的影响。最近的大脑科学研究也证实了我们的观点，即故事在人类生活中起着重要作用。这些科学研究告诉我们：

- 故事是普遍存在的，存在于每一种人类文化中。
- 故事贯穿于人的一生，形成于一个人的孩童时期，成年后在与他人的交往中继续发挥着作用。
- 故事也许是人类特有的，其他动物不会有这种独特的叙述，也不会有讲述故事的能力。
- 故事在调节情绪方面起着重要作用。在这层意义上，故事是情感和善于分析的思维有联结的例证。
- 故事也在日常交流和沟通中发挥着作用。
- 故事也许对记忆处理有着举足轻重的作用——这是外显记忆研究的一种观点。该观点认为故事最终会以梦的形式形成持久的或“大脑皮质上巩固”的记忆。
- 故事与大脑机能有着密切联系。一般来说，左脑擅长在琐碎的信息间探寻逻辑联系，而右脑则能提供亲历式信息的情感内容，这些内容对于生活故事的分析是必不可少的。

心智模式：经历如何影响我们的观点和行为

研究表明，大脑能够通过重复的经历形成一种基本机能，即心智模式。这种心智模式是内隐记忆的一部分，人们认为它是在神经元反复发送看、听、触摸、嗅、闻这些感知信号的过程中形成的。这种模式形成于大脑，是一种思考方式、洞察力或者思维状态，它会直接影响我们对外界的感知和反应方式。内隐记忆，尤其是不同的生活经历下的心智模式，决定了我们所讲述的生活故事的基调，同时影响着我们做出生活决策的方式。

心智模式既像筛子一样可以过滤信息，又像透镜一样能够帮助我们对未来做出预期。这些透镜就好像覆盖在我们的意识表层，影响着我们的感知方式，但我们却感觉不到它们的存在。心智模式形成于过去的经历，由特定的方式激活，并以此影响着我们的世界观、信念、态度以及与外界产生联结的方式。

举个例子，如果你小时候被猫咬过，那么在以后的生活中遭遇类似情形时，你的心理就会快速地发生变化，产生一种恐惧状态：猫经过时你会充满警惕，紧张地盯着它的牙，心里很恐慌。如果猫朝你走过来，你会迅速做出反应。这种感受和内在情绪的变化，以及自我保护反应（对抗—逃离—僵化）的激活都是自动发生的。这是由大脑迅疾的心理状态的调节能力决定的，而不是你主观的或者有计划的一种行为。这种调节能力会影响你的感知，并使你的身体做好行动的准备。这就是如同筛子一样的心智模式如何过滤信息、如何快速产生心理变化的本质。

心智模式以及由其产生的心理状态是内隐记忆的重要组成部分。从这点来说，即使我们注意到了它们带来的心理效应（看到猫，心里感到害怕），也未必会意识到它们产生的具体原因。内在的心智模式对我们的心理决策和生活故事产生的阴影，都有可能是外在的自我反思造成的。这种意识过程也能加深自我认识，改变心智模式。自我理解能使我们摆脱过去禁锢我们的阴影，但这需要我们反思：这种畸变的感知模式和行为冲动是怎样成为我们根深蒂固的心智模式和僵化思维的一部分的？花一些时间去思考如何打开“意识之门”，这样才能做出改变。

对记忆编码的研究表明，经历决定感知，感知又会影响我们面对自身经历时的态度。当我们最终认清自我时，这些外在的认知和内隐记忆就会影响我们对自己的看法，也会影响我们与外界产生联结的方式。心理学家安道尔·图威及其同事描述出了自我认知意识（又称自省意识）的反应机理，它们形成于大脑前额区协调运作的神经回路。具体而言，是存储在大脑中各种记忆片段的交错联系、过往经历的融合、对现在的感知以及对将来的预期等共同作用，产生了自我认识。

这种过往经历互动性的反馈和不断融合，实际上会影响我们的感知方式，也会影响我们在心智模式的作用下对将来所做的预测。我们是自己人生故事的塑造者，同时经历也会对我们的人生观产生一定影响。经历往往融合了身体感受和人际交往，它们可能是自我发展过程中的重要基石。保罗·约翰·埃金用海伦·凯勒的经历为例，来说明人们如何讲述他们的生活故事，并证明经历和成长之间的关系。

埃金说：“海伦·凯勒很少写字，她只在非用语言不可时才写……尽管之前凯勒已经通过老师安妮·沙利文在她手心里拼写单词掌握了一些词汇，但是当沙利文把她的一只手放到水流下，同时拼写‘water’这个单词时，凯勒才对这个单词以及自我有所感受。这真是一种智力和心灵上的洗礼。”凯勒说：“我知道了‘w-a-t-e-r’是一种奇妙的、清凉的、从我指间流过的东西。这个鲜活的词唤醒了我的心灵。”埃金用示意性的框架描述（自我/文字/其他）来表明这样一个事实，即一个完整的成长片段（通常情况下需要数月才能完成）在凯勒灵光乍现的一瞬间根植进了她的意识……凯勒同时强调了相关的情景因素（老师扮演的关键角色）和整个过程中的氛围对她的身体感受所发挥的作用。

大脑前额区，尤其是眼眶前额叶皮质，对协调人际交往、肢体表达以及亲历式意识都是至关重要的。在成长的过程中，眼眶前额叶皮质慢慢成长发育，能使我们加深自我认识，帮助我们改变对他人和自我的感知方式。我们自身的感知以及与他人的共同经历会形成自我意识的基础。

花一些时间反思一下我们与他人的关系，同时反思一下自身的经历，这能让我们更深刻地认识自己并获得成长。深刻的自我认识也是建立在连贯的自省意识（对过去、现在以及将来的分析）之上的。其核心要义是，我们能够成为个人自传的创造者，并以此来帮助孩子，让他们感知和创造自己的生活方式。

逻辑与故事，思维与大脑

发展心理学家杰罗姆·布鲁纳对思维处理信息的两种方式进行了描述。一种是“例证”的演绎模式，具体是指逻辑推论把一系列线性的相关事实按照因果关系联结起来。这种模式与左脑线性的、逻辑化的且基于语言的认知模式类似。另一种是叙述模式，在这种模式下，思维通过构建故事来处理信息。这种模式的形成时间较早，在所有文化中都能找到，它是一种能够创造更多可能性的独特的处理模式。根据布鲁纳的观点，讲述故事不仅需要遵循事件的发生顺序，还需要遵循故事主角的心理变化。叙述模式能使我们深入个人的主观世界中。

叙述模式在大脑里不容易找到确定的轨迹。然而，相关的研究，比如对亲历式记忆和虚构症（做出虚构的描述并相信其确实发生过）的研究表明，左脑似乎有一种讲述故事的潜在本能。这并不奇怪，因为左脑擅长“逻辑—演绎—推理”，这种思维试图解释世间各个事物是怎样联系在一起的。由于左脑主要擅长事实、语言和线性处理思维，并有对事物进行分类的潜能，因此具有认知科学家迈克尔·葛詹尼加所谓的“解释功能”。

如果左脑与右脑的联系中断，它仍然具有讲述故事的功能，但是它对外界的观察和理解会缺少背景信息。奇怪的是，左脑似乎并不受此影响，仍然能够对一些事实进行排列组合，使它们看上去有一定联系。在这种情况下，它组织的故事或许具有一定的连贯性（在一定程度上具有逻辑联系），但是不具有一致性（不能从整体的情感背景或感受上理解）。

为什么会出现这样的情况呢？一个合理的解释是，把右脑看作社会和情感信息的供应者。右脑在非语言信息处理中起着非常重要的作用，它与产生情感和动机的边缘回路直接相连。从很多方面可以得知，对他人主观心理的感受以及对肢体语言的感知和理解能力，似乎都依赖于右脑功能。社会、情感、非语言以及背景信息都是“心灵感知”（一种感知他人和自我心理的能力）的直接来源。

讲述故事需要遵循事件的发生顺序以及事件主人公的心理变化。人的心理变化主要通过右脑来感知和分析。对一个故事进行“分析”，其中往往融合了主人公心理的主观、社会、情感意义，故肯定包含着右脑处理模式。因此我们可以说，大脑思维要讲述一个连贯的故事，即一个人对自己或他人的生活进行理解和分析，需要左脑和右脑协同运作。只有这样，一个连贯一致的故事才能在左右脑的交互协调中产生。

Parenting from the Inside Out

03 如何体会情绪的力量

作为父母，我们希望能和孩子保持一种充满爱意、持久且有意义的关系，了解情绪在人际交往中的作用有利于我们和孩子建立这样的关系。人们正是通过分享情感来与他人交往的。把沟通建立在了解自身情绪的基础之上，真诚地分享自己的情绪并且设身处地地体会孩子的情绪，能够为我们和孩子建立稳固、持久的关系打下基础。

情绪不仅影响我们的内心感受，还影响我们外在的人际交往，并能影响我们对事物意义的判断。如果我们能够意识到自身情绪并且与他人分享，生活就会变得丰富。情绪的分享与交流可以加深我们与他人之间的关系。

作为父母，你的情绪沟通能力能使孩子在生活中充满活力、善解人意。这些品质对孩子和他人建立亲密的关系非常重要。培养关系需要分享和渲染积极情绪，抚慰和减少消极情绪。在父母和孩子的早期生活中，情绪既是他们亲子关系的一种相互作用过程，也是重要的内容。

设想一下，你的孩子在后院收集了一小瓶色彩鲜艳的甲虫，兴奋地拿进屋向你展示："看！妈妈，看我捉到了什么，漂亮吗？"而你看到的却是这样一种可能性：这些虫子会爬得满房间都是。"马上把这些讨厌的家伙拿出去！"你严厉地说道。你的孩子开始抗议："但是你看都没看一眼，它们的翅膀发着绿色的光呢！"你快速地瞥了一眼瓶子，然后拉起孩子的胳膊走到门口，提醒他说："虫子生活在外面，它们应该待在外面。"

在上述情形里，这个孩子错过了一次情感经历。他的喜悦和乐趣不但没有得到分享，而且可能会对这次经历的意义和作用感到困惑。他对自己的发现感觉"良好"并为之兴奋，走进房间打算与妈妈分享。然而，妈妈的反应却像在说孩子的发现是"不好"的。一次有意义的情感交流可以给孩子带来益处，而父母应该分享孩子的喜悦和发现。这并不是说你要和虫子生活在一起，而是说在采取行动之前，要表现出和孩子一致的内在情绪，或者说共鸣。

Parenting from the Inside Out 教养笔记

- **情绪不仅会影响我们的内心感受，还会影响我们与孩子的关系。培养关系需要分享和渲染积极情绪，抚慰和减少消极情绪。与孩子相处时，要秉持包容的态度，迎合孩子的情绪。**

迎合孩子的情绪意味着要站在孩子的角度，拿出包容和接纳的态度，看着孩子拿给你的东西，用充满惊奇和热情的口吻说："让我看看，哇！色彩多鲜艳的甲虫啊！谢谢你拿给我看。你在哪里捉到的？我认为它们生活在外面会好一些。"这样做不仅会拉近母亲和孩子的距离，而且由于孩子觉得自己的想法和情绪对妈妈来说是有用的，他就会有很强的自我感。如果父母对孩子的情绪表现出共鸣，孩子就会自我感觉"良好"。情绪交流能给孩子带来益处，并且会影响孩子对父母和自己的理解。

情绪是什么

准确地说，情绪是什么呢？当我们感受到它时，我们可能对它有所认识，但是用它来解释经历却很难。科学见解也许有助于我们理解情绪是什么以及它在生活中所起的作用。这方面的知识还可以帮助我们加深自我认识，改善我们与孩子和他人的关系。

情绪常被认为是一系列感觉，我们能在自己和他人身上感受到，而且能够用一些词语来标记它们，比如悲伤、生气、害怕、高兴、惊奇、厌恶或害羞。这些情绪在世界上不同文化的人群中都存在。然而，这种情绪归类仅仅是情绪在人类生活中所起的重要作用的一个方面。

在这里，我们要从整体角度提出另外一种关于情绪的观点，即情绪可以被看作一种处理过程，它可以把不同实体协调起来，形成一个整体机能。这听起来可能比较抽象，我来解释一下这个观点，并看看它在实践中的运用。

情绪作为一种重要的协调作用过程，是大脑众多功能的一个方面。大脑集合了数以亿计以复杂的方式发送信号的神经细胞，它需要一个协调过程使自己保持平衡。情绪就是大脑进行自我调节的一种方式。正如我们先前所讨论的，协调性对于我们自身的幸福感以及我们与孩子和他人的关系非常重要。我们如何体会和交流情绪，对我们感受生命的活力和意义至关重要。

初级情绪

情绪除了可以分类，还有一个基本特征，人们把它称为“初级情绪”。具体可以这样来描述：首先，大脑对内在或外在的信号做出初始定位，并且集中注意力。这种初始定位主要表现为：“现在请注意！这很重要！”其次，大脑通过对信号进行好坏评价而对初始定位做出调整；最后，大量位于大脑相关区域的复杂神经回路被激活。人们认为这种评价或唤醒过程实质上是大脑中能量的剧烈流动，同时还伴随着信息处理的过程。这种复杂的评价过程正是大脑驱使思维对事物的意义做出判断的过程。情绪和意义感可由同样的神经机能产生。正如我们在下面将要看到的，大脑中的神经回路还与社交有关。不仅如此，情绪、意义与社交都密切相关。

这种原始的初级情绪是大脑对经历的重要性及好坏做出的第一评价。通过情绪，我们的思维变得清晰有序，我们的身体也将为行动做好准备。好的评价会导致接受，坏的评价则会引发拒绝。孩子在回答他们的感受时，常常回应说“很好”、“不好”或者“不错”。这种回应实际上是初级情绪处理的直接体现，而且父母一般不会接受这种太过简略的回应。

初级情绪在非语言表达层面可以直接观察到。面部表情、眼神交流、声调、肢体动作、态度以及回应时的时机和语气，都体现了这种唤醒和激活的剧烈程度，也体现了大脑中的能量流动情况，这就是感觉机制的本质所在。所以，初级情绪也被称为“思维的乐章”。

与初级情绪产生联结是我们感受彼此情绪的方式。这种初级情绪一直存在。如果初级情绪进一步转化为归类情绪，我们就更能意识到情绪。遗憾的是，我们通常只是把“情绪化”当作归类情绪的表达，这使我们在与他人的初级情绪产生联结时，对这种诚挚且重要的交流过程浑然不觉。

当初级情绪在同等程度上产生联结时，我们的经历就会变得协调一致，与他人的交往也会变得顺利。如果彼此之间的心理状态一致，我们的情绪就能产生共鸣，这可以使我们感到“被理解”。在这种共鸣中，我们又会影响彼此的内心状态。这种一致和共鸣，使得我们与孩子的交流变得和谐融洽。

Parenting from the Inside Out 情绪种类

初级情绪：思维中能量的剧烈流动。

- 初始定位："现在请注意！"
- 评价和唤醒："好，还是不好？"

归类情绪：存在于各种文化中的特有表现模式。

- 不同的基本情绪：悲伤、恐惧、喜悦、惊奇、厌恶或害羞。

情绪处理能力的缺失

一位40岁的父亲一直被一个问题困扰着：对任何事情都没有感觉。他的母亲生病了，危在旦夕，他的同事也被诊断出患了重病，但是他"对这些没有任何感觉"。他坚称自己的生活充斥着各种事情，如工作、责任……但是他感觉不到任何意义。

尽管对任何事情都漠不关心是不对的，但是他至少有改变这一切的想法，因为他想和家人保持良好的关系，尤其在他的母亲和同事生病以后。"我所做的一切都是希望事情能有个好结果，但最后却总是变得更糟。我知道这是不对的，但我就是对任何事情都没有感觉。"他在与人交往时总有一种疏离感，而且时常觉得空虚。

上例中的这位父亲没有抑郁症，也没有一点精神紊乱的表现，比如担忧、焦虑或者其他明显症状。他是一位颇有成就的大学老师，得到了同事的推崇和肯定，而且他对自己的工作要求很高。他还是一个富有道德观念和正义感的人，和同事合作得很好。他的学生也很优秀。这位父亲需要检视一下自己早期的生活经历，把早年的回忆和现在的主观感受都考虑进去，做一个粗略的分析。

这位父亲和父母在一起的回忆很少，他能想起来的只是他们非常“有知识”，但从来不关心他的想法和感受，他们只关注工作上的成就和“行事的对与错”。当他的父亲在他十几岁时去世时，他的母亲甚至没有和他谈论过这件事。

至于他的妻子，最让他印象深刻的一点是她的情绪波动一直很大。他最大的孩子刚进入青春期，他想和亲近其他两个孩子一样去亲近她，但是觉得有点困难。当被问到他对3个孩子的感受时，他说起了第一个孩子出生时的情景，眼眶湿润。他说他从来没有体会过如此强烈的感受：他是如此深爱他的女儿，也非常担心自己是否能够给女儿带来幸福，这种感受甚至强烈到让他难以承受。

孩提时代的他很有艺术细胞，对事物的美学价值充满兴趣——它们看起来像什么，物体应该如何摆放，颜色应该如何搭配。他曾经想成为一名建筑师，然而他却选择做学术研究。唯一的解释是他的右脑很不发达，与他那敏锐的艺术感不相称。然而，他难以体会他人的感受，“心灵感知”能力薄弱，感受自己的内心时存在困难，这些都是左右脑处理模式协调性受损的表现。

在治疗的过程中，医生鼓励这位父亲像写日记一样写下对自己人生故事的回忆，因为自我反省式的记叙需要右脑和左脑协调运作。在他每周的例行治疗中，医生为了进一步把他的左右脑思维模式联系起来，特意把治疗重点放在他的身体感受和视觉意象上，并让他体会这些非语言信息的含义。

在积极地接受了几个月的治疗后，他在与女儿的相处中有了新的感受。在夏威夷旅游时，他们戴着氧气装置潜到了水下。他们在珊瑚礁中寻找鱼儿，游得非常近，通过手势和眼神进行交流。这位父亲说在他们共同探索水下世界时，他的内心充满了喜悦。

在后来的反思中，他说道："我敢打赌这肯定与非语言交流有关。因为平时我经常思考该说什么或者女儿将要说什么，甚至忘记了正在发生的事。"在这种情况下，他陷入了对说话内容的猜测中，左脑思维控制了右脑思维，使他无法意识到初级情绪，而意义和联系都是由初级情绪产生的。但是在水下，他们脱离了左脑思维的控制，这让他们通过非语言信息的交流，对对方产生了更为深刻的感受。

几乎在同时，他的女儿对他说："爸爸，你变得越来越有趣了。真的很有趣！"看到女儿注意到了自己的变化，他非常高兴。他对自己也有了新的认识——这是源自内心的体会，是发自肺腑的感受。他越来越能意识到脑海里的景象，这些景象和那些用文字描述的想法没什么联系。他描述自己的感受是"自由自在"，而且他和家人的关系也变好了。他对发生在身边的事有了更多的感受，很少再去关注自己的想法。随着左右脑思维模式联系的增强，他也能够对父亲去世带给他的特殊感受做出分析，同时对母亲和同事患病这些事也有了新的体会。

与人交往是必要的，要接受这一事实，常常需要我们痛苦地承认我们的脆弱和敏感。在接受治疗前，这位父亲没有正确地理解自己以前的经历，从而无法意识到自己的初级情绪。

他在童年时严重缺乏情感交流，导致他的思维评价或唤醒系统未能形成更多的积极情绪或归类情绪，因此他时常感到麻木和空虚。父母和他的情感疏远使他失去了情绪处理能力，而正是对情绪的正确处理才能让人感受到生活的意义。由于在治疗中的努力和自我反省式的记叙，他的人际关系和内心感受能力逐渐恢复，这将使他的生活变得协调和平衡，也会给他的生活带来更多的意义。

情感的共鸣

要感到“被理解”，需要我们与他人的初级情绪处于一种调和状态。如果两个人的初级情绪产生联结，就会产生一致的心理状态，双方就会感觉交流融洽。当与他人的初级情绪产生联结时，我们思维的乐章，即我们的初级情绪就会被他人的情绪深深地影响。如果彼此交流有限，仅仅停留在少得可怜的归类情绪上，我们就会失去感受交流之美的机会，而这种有深度的、有意义的交流每天都可以进行。

通过分享非语言信息，我们的心理状态和初级情绪能够达成一致，共鸣也就随之产生。即使我们在物理位置上是分开的，我们也能隐隐约约地感受到这种共鸣。因此，他人感官上的这种体验会成为我们“对他人的记忆”的一部分，这样他人也就成了我们生活中的一部分。如果在人际交往中能出现共鸣，也就能出现鼓舞人心的融洽感受。这种共鸣是我们在人际交往的过程中出现的回忆、想法、感受和意象。在此过程中，心里持续的共鸣感受可以看作我们的内心连在一起的体现。这种联系说明双方的心灵进入了一种和谐状态。

人际交往中发生得最多的就是这种共鸣现象，即一个人对另一个人的情绪状态产生了反应。除了调和的心理联系能够产生共鸣，另一个影响共鸣产生的关键因素就是“镜像神经元”。

‖镜像神经元‖

镜像神经元系统是一项新发现，它是人类身上把知觉和行为联系起来的一种特殊神经元。这种神经系统是大脑对他人的行为产生心理反应的基本因素。

镜像神经元存在于大脑的各个区域，其功能是把行为和知觉联系起来。举个例子，如果测试者看见有人有意做某件事，比如拿起水杯，那么他的特定神经元就会发出信号，而且他自己拿水杯时也会发出信号。这种神经元并非在看到任何行为时都会发出信号，其前提是行为必须是有意做出的。测试者与他人随意地握手不会激活某个镜像神经元，因为任何行为都要带有特定的目的。镜像神经元的这种信号发送模式表明了大脑能够检测出一个人的意图。这种信号发送模式不仅是人类早期模仿和学习机制的证据，也是人的心灵感知（一种对他人的心理状态产生内在心理印象的能力）形成的证据。

镜像神经元或许能把自己的情绪感受和旁观者的心理状态联系起来。这样一来，当我们感受到对方的情绪时，就会无意识地产生同样的情绪状态。比如，当看到有人哭时，我们可能也想哭。我们通过把自己置于他人的立场来体会他人的感受——因为我们可以通过自己的身体或思维反应获知他人的心理。我们检视自己的心理状态，以此来了解他人的内心。这是同理心产生的基础。

获得融洽之感的关键是情感交流时的感同身受。通过分享思维间的能量流动，也就是我们的初级情绪，一个人和另一个人的心就紧密地联结在了一起。

Parenting from the Inside Out 教养笔记

- **当孩子感受到积极情绪，比如因赢得球赛或取得优异成绩而高兴时，父母应该及时与孩子分享这种情绪，并积极地和孩子思考并渲染这种情绪。同样，如果孩子有了消极情绪或情绪低落，比如失望或悲伤，父母就要努力设身处地地体会孩子的感受，并用温暖的话语安慰孩子。**

交流时的真正融入能使孩子感到被理解，感到他在父母的心里占有一定的位置。如果孩子能从回应积极且善解人意的成人那里感受到双方的心理达到了调和的状态，他们的自我感觉就会很好，因为他们的情绪得到了共鸣和回应。下面这个故事或许能更好地说明“调和”这个概念。

情绪的调和

学校操场上一个小女孩和一位实习老师的交流吸引了玛丽的注意。

> 萨拉今年4岁半，她有点优柔寡断，对参加社交和集体活动很谨慎，也缺乏胆量去尝试新事物。这位实习老师曾特意给她提供了一些学习机会，并积极地支持和鼓励她，以此来帮助她建立自信。
>
> 此时正值春季学期，萨拉开始挑战自己。操场上有一棵几年前就倒掉的西莫克树，在地上形成了一座3米长的桥。孩子们喜欢在上面走来走去，他们觉得走在上面很有成就感，但是萨拉从来不敢冒险尝试。直到5月中旬的一天，她的自信突然冒了出来，就像丁香花长出了花蕾。
>
> 她跳上树干，从这一头走到另一头。这位实习老师一直在旁边注视着她，等萨拉一从树干上下来，她就为萨拉喝彩并表扬她："萨拉，非常好！你做得好极了！你是最棒的！"老师大叫着，激动地一边跳一边挥舞手臂。萨拉则害羞地看着老师，木讷地站着，脸上只有淡淡的笑容。接下来的几周，萨拉还是回避着树干。对她来说，再在上面走一次仍然需要很大的勇气。

这次交流有什么问题吗？当然，虽然实习老师对萨拉的表现持肯定态度，但是她没有和萨拉的感受达到调和。老师的反应只是体现了她自己的兴奋和自豪，而没有注意到萨拉在这次经历中拿出了十足的勇气，冒了很大的风险。萨拉最真实的感受没有通过老师的评价表达出来，实际上老师的评价对萨拉来说太过沉重，没能对她起到鼓励作用，使她重新回去再冒险走一次。

"或许我不再会有这么好的表现了。我最好不要再尝试了，我可能会从上面掉下来。"萨拉很可能是这样想的。要表现"出色"，对一个谨慎的孩子来说并非易事。

为了安全起见，她不打算再拿出首次尝试时的勇气。

那么老师应该说什么才能巩固萨拉刚刚表现出的自信？她应该用什么方式鼓励萨拉才能算是对萨拉感受的尊重？她又应该做出什么样的反应才能鼓励萨拉对自己的成就进行反思，使萨拉相信自己还能取得这样的成就，并进一步用自信来延伸这种成就？

如果老师对萨拉吃力而小心地走过树干的样子做出适当的评价，萨拉也就能从老师的反应中体会到这种评价。老师可以这样说：“萨拉，我看到你小心翼翼地挪着脚走完了整个树干。你做到了！你可能有点害怕。虽然这是你的第一次，但是你坚持下来了。你真棒！现在你开始相信自己了。”

假如老师做出了上述评价，就能使萨拉把自己的感受和巩固成就联系起来。这种评价也才算得上心理调和且相互联系的反应。这种恰当的反应也能让萨拉对自己的外在行为和内在心理做出反思，并对以后的经历做出更好的思考。为了使自我认识全面且前后一致，孩子需要接受别人给予的适当评价，这种评价要与他们的内在心理感受和外在经历相一致。如果我们以一种调和的心理状态融入与孩子的交流，就等于在帮助孩子构建一个协调而连贯的人生。

Parenting from the Inside Out 教养笔记

- 为了全面地认识自己，孩子需要接受适当的评价，这种评价要与他们的内在心理感受和外在经历相一致。父母要以调和的心理状态融入与孩子的交流，帮助孩子构建协调而连贯的人生。

心理上的调和交流有利于自主意识和自我调节机能的形成。情感交流能使人进入一种融洽状态，这种状态是一种协调性的情绪作用过程，可以使父母和孩子充满活力和幸福感。融洽的心理感受有助于孩子形成更强的自我感，增强他们的自我理解能力，培养同理心。

这并不是说我们要一直保持这种融洽感受，或者要一直聆听和反思孩子的经历。实际上，父母对孩子的过度关注会给孩子带来困扰。在亲子关系中，这种交流方式应该呈现出周期性的连续和暂停。就像对与孩子的融洽交流需要保持敏感一样，父母对孩子的独处需求保持敏感也很重要。

能够与孩子和谐相处的父母应该尊重孩子这种“联结—独处—再联结”的自然变化的需求。我们生来并非要一直与他人保持心灵上的一致。和谐的人际交流应该尊重这种规律变化的需求。

自我反省，认识情绪

情绪联结需要我们特别注意自己的心理状态，也需要我们敞开胸怀，积极地理解和尊重孩子的心理状态。这要求我们不仅要从自身角度，更要从孩子的角度看待事情。如果我们意识不到自身的情绪，或者被一些早年的心理遗留问题所麻痹，我们就会产生一些不恰当的情绪反应，而这些反应很难得到解决。正如前文所讨论的，我们时常会有一些顽固或悬而未决的问题，这会导致我们的情绪发生“膝跳反射”一样的反应，破坏我们和孩子交流时的融洽感受，使我们和孩子的心理达不到调和状态。

我们常常不能审视自己，也意识不到自己的初级情绪，甚至会拒绝这种归类情绪。只有外在的行为或当事情发生时，我们才会意识到自身情绪，但这常常给孩子带来伤害。所以，我们要努力了解自己的情绪作用过程，更要重视它们在我们的内心和人际交往中所起的重要作用。一般来说，孩子都很敏感，常常会受到我们无意表现出的情绪或心理遗留问题的伤害。

Parenting from the Inside Out 教养笔记

- 我们在早年生活中形成的防御适应性也会阻碍我们理解和感受孩子的内心。如果没有对自我认知进行反思，我们这种防御性的反应模式会造成孩子对现实和人际关系的认知扭曲。

由于丈夫的突然离去，一位刚离婚的母亲会因自己 3 岁的儿子坚持要她陪伴而大发脾气。这位母亲不能接受离婚带给她的孤独感和被抛弃感，她会觉得儿子的“过分要求”对她来说是一种威胁，然而其实儿子只是表达出了想和她亲近的愿望。当她把自己因为没人关心而产生的怒气发泄到孩子身上时，尚且年幼的孩子就成了她的出气筒。她时常感到孤独无依，这些感受和她儿时的感受完全不同，她不能满足孩子对她的亲近需求。

如果这位母亲能够在情绪上正确地处理离婚带给她的痛苦，并且把这个重大的生活变故和她对自己童年生活的理解联系起来，她就能在新的生活中突破这种防御反应，而不会再对儿子毫无理由地乱发脾气。她也会意识到，她自身悬而未决的问题如何影响了她对儿子正常的亲近需求，从而做出恰当的回应。

自我反省以及对自身内在情绪作用过程的认识，能让我们对孩子的行为有更多的反应方式。意识产生选择的可能性。如果能够自由选择反应方式，我们就不会再受情绪反应模式的控制。这种反应模式常常与孩子没有什么直接联系，它更偏向于是由我们自身情绪状态引起的一种本能的过度反应，而不是与孩子交流时的情绪引起的。全面认识自我能使我们敞开心扉，与孩子进行积极、融洽的情感交流。整体一致的自我认识和融洽的人际交往往往是相伴发生的。

如果我们内在的不良情绪妨碍了我们与孩子进行交流，孩子对我们这种烦躁情绪的感受就会唤起他们的情绪防御反应（我们所说的“心理隔阂”）。这种情形一旦发生，我们和孩子就不会再有和谐的关系，每个人都进入自己的内心世界，并因此感到孤独和疏离。

如果父母和孩子真实的自我都躲在这面心理防御墙之后，每个人就会再也感受不到心理上的联系或相互理解。如果孩子一直处于孤独状态，在受到攻击或被拒绝时，由于无法和父母交流，他们的心理上就会产生恐惧或不快。

Parenting from the Inside Out 教养笔记

◎ **我们或许会很注意孩子的行为，但我们的疏离感仍会阻碍我们和孩子交流。在这种情况下，我们自身的情绪问题对孩子产生的反应，又进一步妨碍了我们对孩子或自己情绪的理解。**

没有对彼此情绪的理解，就很难在心理上感受到联结。情绪上的联结能为融洽、协调的交流打开一扇门，这样对话才能发生，我们也才能相互联结在一起。所有的人际关系，尤其是亲子关系，都是建立在和谐、融洽的交流之上的，这种交流才是每个人“思维的乐章”，也是对个人自尊和人格的一种尊重。

学会与孩子交流

和孩子交流可能是最具挑战性，也最值得的经历。作为父母，如果我们能够学会通过协调交流和孩子建立一种融洽的关系，我们就有可能和孩子建立长久而有意义的关系。当我们和孩子在心理上保持一致时，我们就进入了一种作用过程，在这个过程中我们思维的各基本要素协同作用。这种思维上的联系能使我们强烈地感受到对方。

协调交流在我们和孩子一生的相处中都会发生。即使我们和他人的身体是分开的，我们也能通过协调交流产生共鸣。如果孩子在和我们相处时也能感受到共鸣，那么即使我们不在身边，他们也会感到安心。而且，孩子也会同时感受到我们对他们的理解，感受到他们在我们心里的重要地位，就好像我们进入了他们自我意识的形成过程中。这种与他人联系在一起的心理感受会给孩子带来安全感，帮助他们控制自身情绪，探索外部世界。情感交流不仅能为我们与孩子的关系打下基础，还能为孩子与他人的关系打下基础。

Parenting from the Inside Out 情绪种类

意识：对自己的情绪和身体反应及他人的非语言信息保持敏感。

调和：让自己的心理状态与他人保持一致。

同理心：敞开心扉去感受他人的内心和想法。

表达：积极地和他人交流你的内在心理感受，把它们表达出来。

融入：在平等的氛围中积极分享，包括语言信息和非语言信息。

解释：帮助他人分析其生活经历。

人格：尊重每个人的尊严和人格独立性。

协调是一种作用过程，它能使独立存在的各部分结合在一起，形成一个整体功能。举个例子，一个关系协调的家庭，既能使家庭成员保持彼此之间的性格差异，又能使全家人在一起时尊重这种差异。这种相处也因此构建了一个连贯的家庭生活故事。

在这种协调的家庭系统里，交流能显现出一种强大的能力，这种能力体现了家庭两种不同特性的复杂融合：差异性（各家庭成员是独立且有差异的个体）和协调性（各成员能融洽地相处）。这种差异性和协调性的融合，能使整个家庭比各家庭成员单兵作战时的表现好很多。协调交流能使父母和孩子在一起形成“我们”时，仍能保持各自的独立性，并且加深他们与世界的联系。

Parenting from the Inside Out

反思练习

1 回想一下你和孩子有没有对同一次经历有不同的反应，试着从孩子的角度看待这件事。你如何评价在同一件事上你和孩子出现的不同的感受？如果你能告诉孩子你是怎样从他的角度来理解这次经历的，你觉得孩子会有什么样的反应？

2 思考一下“协调交流实践”中列出的练习方法，然后观察你与孩子的相处，想一想这些方法在你与孩子的交流中有没有体现出来。试着在以后与孩子相处时把这些方法融入进去。你的孩子会感受到你对他的理解吗？你和孩子相处时的融洽感受又是如何形成的？

3 想办法把这些措施运用到你与自己的沟通中。你对自己的内在心理状态和初级情绪是不是有种豁然开朗的感受？意识到你自己的内心感受，能使你更深刻地感受正念。如果把这种内在的心理作用融入意识中，那么不用分析或者刻意改变自己，你就能体会到它们。

科学聚焦
Parenting from the Inside Out

情绪学是一门复杂的研究课程，包含对文化、心理活动以及大脑机能的研究。对动物的研究表明，人类不是唯一有心理感受的生物——动物能对危险产生对抗、僵化或逃跑等行为和心理反应，这些反应看上去非常“情绪化”。然而，在动物王国里，哺乳动物与同类进行的心理交流含义复杂且不断演变和发展，使得它们成为一个独特的群体。对情绪的感受体现的是一种内在的心理活动，这种感受能在同类之间进行外在的沟通和交流。伴随着这种沟通和交流的是大脑相关区域的演变与发展，这些区域就是大脑的边缘结构，它们能把情绪和动机协调起来。

三位一体脑

保罗·麦克莱恩用他自己创造的新词“三位一体脑”来阐述他的观点，即大脑由既独立又相互联系的三部分组成：位于最里层的脑干、处于中间层的边缘结构以及最外层的大脑皮质。脑干被认为是最“原始”的大脑结构，有时也被称为“爬虫脑”。随着动物的不断进化，处于脑干外层的边缘回路被哺乳动物继承下来，逐渐发展为大脑的一部分。边缘结构包括杏仁核（调节恐惧、愤怒和悲伤等重要情绪）、前扣带回（“首席运营官”，控制注意力的分配）、海马（调节外显记忆，是把文本转变为记忆的“认知成像仪”）、下丘脑（神经内分泌的调节场所，通过平衡激素使身体和大脑保持交流）和眼窝前额叶皮质（把一系列作用过程协调起来，包括情绪调节和亲历式记忆）。

尽管边缘系统没有明显的界线，但是它的各种神经回路都传递着相同种类的神经递质，也具有各物种的共同特征。边缘系统活动的影响范围很广，下至脑干，上至大脑的第三层，即大脑皮质。边缘系统不仅能够调节脑干，还能调节人的内在状态，这些状态包括身体机能以及与环境，尤其是社会环境的相处。边缘系统的活动有助于解释为什么大多数哺乳动物都对社会交往感兴趣——社会交往能够帮助调节身体机能。与他人的内心世界进行交流是哺乳动物的一种能力，这种能力使我们成为一种精细、复杂且好问的社会生物。

随着大型哺乳动物，例如灵长类动物的不断进化，大脑也进一步发生着变化。进化不仅仅指长出新的结构，它还指一种适应性，这种适应性体现为旧神经回路发展出新机能。因此，处于边缘系统最外层的眼窝前额和前扣带回，也被认为是大脑不断进化的新皮质的一部分。

大脑皮质在人类身上进化得最为彻底。我们能够进行高级的抽象感知、创造以及推理，是因为我们的大脑皮质具有错综复杂的褶皱。大脑皮质，尤其是前额区的作用机理，使我们能够灵活地思考，反思一些抽象概念，并且用语言向他人描述这些复杂的想法。尽管语言在准确地表达我们的想法时非常有限，但是它们仍能使我们远离物质现实的束缚。这种自由使我们能够进行创造——或者毁灭。语言是一种强大的符号系统，能使我们操控世界以及我们身边的人。语言也能使我们跨越时空界限进行交流，这种交流往往在不同的灵魂之间进行。古希腊诗人阿里斯托芬写道："语言能让心灵展翅飞翔。"大脑皮质既能使人开化，也能推动人类文明不断进步。

有人认为从大脑的"三位"结构，即最里层、边缘结构以及大脑皮质来看，能进行抽象推理以及使人开化的区域是大脑的中枢所在。但事实并非如此。我们已经知道，推理思维还受情绪以及"肉体—身体"作用过程的深刻影响，大脑皮质的活动也受到边缘系统和脑干神经活动的直接影响。我们“高级”的、进化最为彻底的大脑皮质本身并不发号施令，而大脑其他区域的社会、情绪以及身体的作用机理，也对抽象感知思维和大脑皮质的推理思维有着直接影响。

几乎所有的哺乳动物都有社会联系，这种联系在母亲和婴儿之间体现得最为明显。哺乳动物的大脑边缘区域包含两种重要的作用过程：

- **维持原始的“身体—大脑”机能的平衡，例如心率、呼吸、睡眠周期。**
- **从外界接收信息，尤其是从其他哺乳动物的社会世界接收信息。**

杏仁核对感知以及面部反应的外部表达具有重要作用，并且对情绪的调节也至关重要。这种双重的“内—外”机能使得哺乳动物具有一种独特的关注趋向：关注他人的内在心理状态——尤其是父母对孩子的关注。这种关注能使孩子形成一种调节自身心理状态的方法。这在老鼠、猴子以及其他灵长类动物身上都有体现。爬行动物、两栖动物以及鱼类等低等动物，由于缺少这种高度进化的边缘回路，因此不会过于关注同类的内在心理状态，也不会进行像哺乳动物一样的有情绪反应的社会生活。相比之下，人类能够与他人甚至其他哺乳动物进行情感交流，比如现在你的宠物狗或许就趴在你的脚边。

‖反映他人心理的神经元‖

所有的哺乳动物都依靠高度进化的边缘回路来“解读”同类的内在心理状态；除此之外，灵长类动物似乎进化出了一项独特的能力，即产生与同类相似的心理状态。当灵长类动物与同类发生外在行为上的联系时，它们会根据对方的心理状态做出一定的反应。由于进化出了独特的大脑皮质和语言功能，人类不仅能够意识和调节自己的心理状态，而且还能推测他人的想法。

1956年，“镜像神经元”首次在猴子身上发现，最近才在人类身上发现。这项由神经科学家得出的令人着迷的发现，已经在同理心、文化和人际关系的本质研究领域引发了一系列令人兴奋的话题讨论。马尔科·亚科博尼是加利福尼亚大学洛杉矶分校文化、大脑与发展中心的一名研究人员，他曾在人类身上发现了镜像神经元，现在他正和同事研究镜像神经元如何在跨文化情感以及社会生活中发挥作用。

通过镜像神经元，我们可以进一步看出大脑是如何进化成一个复杂的联系体的。社会性动物由于能够解读彼此的表情和心理状态，能够通过进化而生存得更久。镜像神经元也让我们能够轻易地对他人的心理做出准确的反应。这种能够“解读心理”的神经功能，决定了我们在社会交往中对他人是敌是友的态度。所以说，这种进化而来的生存价值有着深远意义。也正因如此，我们具有遗传而来的同理心，也具有心灵感知能力，这些都根植于我们的进化过程中。

这种镜像神经元系统的作用之一是帮助我们理解社会经历。同理心就是让我们把自己置于他人的立场上思考问题。具体来说，我们通过镜像神经元系统在我们身上产生的心理反应，来获知他人的心理状态。另外，对他人情绪的理解与我们的意识状态以及我们对自身的理解直接相关。

一般来说，成人都具有心灵感知能力，能够在与自身或与他人交往时表达出自己的内在心理状态。对于父母和孩子之间的关系而言，父母能有连贯一致的思维叙述，似乎都与他们有个健康成长的孩子有关。不过就目前所掌握的知识来看，我们还不知道良好或欠佳的亲子经历（或者使孩子健康成长，或者给孩子带来伤害）对镜像神经元系统有着怎样的影响。我们也不知道这种系统在父母和孩子的日常相处中所起的作用，或者对成人如何理解自己的生活、如何讲述生活故事有什么影响。这些问题都是这一激动人心的新兴领域里值得研究的方面，并且有可能在将来得出结果。

情绪是一种协调的作用过程

众多学科都有一种看法，认为情绪探索是一种难以捕获的过程。一些学者认为，情绪把生理（身体）、认知（信息处理）、主观（内在感觉）以及社会（人际）等作用过程联系在一起。另外，一些学者则分析了情绪调节与被调节的关系：情绪对心理具有调节作用，同时也受到心理的调节。临床医生也许发现他们在试图描述情绪时思维会陷入一种循环状态：情绪是在你有强烈的感受时发生的，而感受则是在你有情绪时产生的。

也许正因如此，这些人类情绪的研究人员和临床观察者在思考情绪时，总是陷入这样的概念循环，就好像他们一直在描述一幅大图的一部分，就像盲人摸象。大图就是人们的情绪，它与被称为“神经协调”的作用过程有关。协调性就是在一个庞大的系统里把相互独立的各个部分联系在一起。神经协调则是神经通过身体把大脑某一区域的活动与另一区域联系起来。在大脑内部，被称为“衔接区”的各部位分布着纵横交错的神经元，它们把大脑的不同区域联结起来，使各衔接区输入的信息形成一个整体的功能。

衔接区包括眼窝前额叶皮质和海马。它对大脑不同区域的神经活动起着协调作用，其他一些神经活动则由胼胝体来协调。另外，小脑也负责把广泛分布的不同区域联结起来。而上文提到的杏仁核，也含有大量的输入纤维和输出纤维，其作用是把感知、运动神经行为、身体反应以及社会交往这一系列作用过程的基本要素联结起来。

把情绪看作神经调节的结果便于我们思考情绪对人体各项机能的作用。同时让我们明白，正常的大脑调节作用能使各功能保持平衡，但是如果受到损害，就有可能发生情绪调节紊乱，其后果就是“不协调”。在人际交往中，如果我们与他人的心处于和谐状态，我们就能感受到我们与他人的情绪发生了联系。当一个人的内在心理状态得到另一个人的尊重及回应时，就能产生这种心与心连在一起的结果。此时，我们也能感受到我们的心存在于对方的心里。这种情形可以看作两个人大脑活动的协调一致：本质上是神经协调，外在则表现为人际交往。

Parenting from the Inside Out

04 如何沟通 建立联结

学会站在孩子的角度倾听和沟通是育儿过程中非常重要的一点。耐心细致的沟通有助于健康的依恋关系的形成，这对建立相互信任的亲子关系尤为重要。针对跨文化领域的研究表明，所有健康的依恋关系都有一个共同点，即父母和孩子都具有向对方发出信号并接收对方信号的能力。

这种能力被称为“适时沟通”，具体是指在交流的每一个瞬间，父母都能立刻感受到并理解孩子发出的信号，及时地做出回应。这种沟通需要双方的协调配合。如果父母和孩子能够彼此尊重，积极地回应对方，双方的沟通就会很融洽。适时沟通能使双方感受到彼此的内心紧紧地连在一起，同时也是人们培育和建立人际关系的核心所在。适时沟通能让我们通过接受他人的观点、观察他人对我们的观点做出的反应，从而使自己的思维变得开阔。

婴儿从出生时起，就需要父母和他们进行积极的沟通，这样他们才能健康地成长。当婴儿微笑、发出模糊的咿呀声时，懂得如何养育孩子的父母就会对他们报以微笑，并模仿孩子的声音，用这种相似的方式回应他们，然后停顿一下，等待孩子再次回应。

父母和孩子之间的对话应该这样开始："我明白你的意思，我一直在听你说呢，我会回答你的。这对你很重要，因为这能使你了解自己、在乎自己。我很喜欢你现在的样子。"通过这样一个简单的对话，父母和孩子之间就建立起了联结，并且通过相互发送和接收对方的信号，可以感受到彼此融为一体。孩子的心理健康就是在这样亲密沟通的基础上建立起来的。

在适时沟通中，倾听者应该敞开心扉，倾尽全力地感受对方。做到这一点，对方的反应就取决于当时实际沟通的情形，而不是产生于早已存在的固定的心智模式。这种交流只有在未受过去的心理问题干扰时才有可能发生。在适时沟通的过程中，人们极有可能建立起情感联结。因为这种沟通不是以一种机械的方式做出反应，而是父母根据孩子实际发出的信息做出具体的回应。

沟通时父母要特别注意倾听孩子。但事实上，多数时候父母都不会留意孩子表达出的信息，因为他们的心总是被自己的想法和感受所占据。此外，孩子所发出信息的真实含义往往不明显，父母要理解它或许需要对信息进行"解码"。记住，这一点也很重要：即使你不会立刻明白孩子发出的信息，他们也在尽最大努力表达其想要满足某种需求的愿望。

Parenting from the Inside Out 教养笔记

- 在与孩子沟通的过程中，父母要敞开心扉，倾尽全力地去感受孩子的想法。用心倾听，留意孩子表达的信息，而不要只专注于自己的想法与感受。即使你不会立刻明白孩子的意思，也要知道他在向你表达想要满足某种需求的愿望。

让我们来看看下面这个场景。

一位母亲下班后回到家里，两岁的儿子满怀热情地跑过来迎接她。经过一天的分离，儿子想和妈妈“重新取得联结”。然而这位妈妈却想先换掉她的职业角色，再投入妈妈的角色中，所以她飞快而随意地抱了一下孩子，然后走进卧室准备换衣服，嘴里说着“我很快就回来”。

孩子对妈妈的举动很不满意，开始哭起来，希望妈妈能抱起他。妈妈搪塞了一下孩子，想换完衣服再去照料他。孩子则变得急躁起来，哭得声音更大了，并且躺在地板上用脚踢起了墙。这惹恼了疲惫的妈妈，她不希望听到“噔噔”的声音，也不想去清理鞋子蹭在墙壁上的污迹。她觉得孩子不可理喻，简直太过分了，于是严厉地说：“我不会和你一块儿玩了，除非你立即停止乱踢！”

一看到妈妈对他发火，孩子立刻感受到了更大的分离感。他变得更加急躁，朝妈妈挥舞起了拳头。现在，这位妈妈不打算给孩子任何积极的关心，因为在她看来，孩子的这些行为很不对，而且她不想纵容这种“坏行为”。

经过和妈妈一整天的分离后，孩子释放出的这种重新联结的信息很重要，但是这些信息没有被妈妈接收，他也因为没有得到妈妈的理解而感到挫败。但是他仍会继续设法寻求联结，即使是通过消极的方式。

如果这位母亲能够理解孩子最初发出的信息，她就有可能坐到沙发上，抱起孩子，和他聊一会儿天，或者给他读一会儿书，然后再去换衣服。经过短暂的离别后重新建立联结对孩子来说很重要，如果父母知道这一点，他们就能拿出一个正确的心态，从而避免给孩子和自己带来不必要的挫败感和消极情绪。

适时沟通可以给父母提供一种不同的选择，也就是积极地满足孩子的交流需求，这不仅可以促进亲子互动，而且由于双方感受到彼此的心联系在了一起，所以还能改善他们晚上的相处状况。如果孩子感到不被理解，那么很小的事情都有可能变成大问题。

适时沟通

为什么适时沟通如此重要？从生物学角度来看，人际沟通方式对大脑神经结构有一定影响，通过这种影响，人的自我意识才能产生：当我们发出信号时，我们的大脑就会时刻观察着他人对我们信号的反应。我们接收到的反应也会随之嵌入自我意识的神经图谱。这样，大脑就会产生一种“自我随他人改变”的神经描述，这种描述会成为我们身份意识的一个重要特征。如果他人适时回应，那么在和他人进行联结时,我们自身的神经机制就会产生一种连贯的内在感受。也就是说，在信号发送前和信号被回应后这段时间内，我们的自我感受一直比较连贯、顺畅。

这一切是如何发生的呢？适时沟通是指他人对我们发出的信号做出明确、及时的回应。在社交场合与他人产生联结时，由于这种适时的人际沟通，我们的神经会产生一种基本却非常强烈的感受。同时，这种人际关系也能使自我感受到一种强烈的连贯性。

如果在与他人相处的过程中能够做到适时沟通，在面对他人时我们的自我意识就会很正常。换句话说，我们就会有良好的自我感觉。我们会感到被理解，不会觉得自己在这个世界上是孤独的，因为我们的内在自我与外界紧紧地联结在了一起，这可以使我们超越自身的局限。随着时间的推移，我们会不断运用这种适时的沟通模式，从而形成一种连贯的亲历式自我，这种自我连接着我们的过去、现在以及可预期的未来。因此，此时此地的意识以及不断反省的亲历式意识都会影响我们在实际生活中的经历和感受。

相互协调配合的适时沟通能够拓展自我意识。当感受到自己与孩子的心连在一起时，我们就更容易理解和接受孩子。这就是适时沟通的本质所在。此外，他人对我们发出的信号不仅仅是做出简单的回应，其中还会掺入他们的个人看法，这种看法是对双方沟通的一种理解。采用这种方式沟通，孩子就能感受到被理解，他们会觉得父母明白自己的内心想法和感受。

自我意识的产生

社会交往能够使我们成长。通过与他人的融洽相处，孩子能够构建起自己的社会知识，也能够了解自我，这在与世隔绝、不与他人交往的情况下绝不可能发生。这种认识过程称为“合作构建”。当孩子在与父母以及他人的沟通和联结中学着认识自己时，他们的自我认知就在这样一个合作构建的过程中产生了。

让我们来看这样一个情景。一个婴儿弄湿尿布后开始哭起来，在理想情况下，父母听到哭声后，会马上弄明白孩子发出这种不快乐信号（哭声）的原因，然后通过给孩子换尿布做出回应。这一过程能给孩子如下感受，并让他获得内在自我的连贯性：

- 湿尿布使他感到不适，于是用哭喊的方式发出信号。
- 父母给他换尿布，他因此得到安慰。
- 他的自我意识在与父母这种连贯、顺畅的交流中得到改变。

如果父母没有感受到或者不明白孩子的信号，就会产生另一种情况。父母可能因此做出不恰当的反应。比如，父母可能会和孩子玩耍，或者给孩子食物来逗他高兴，又或者摇着孩子哄他入睡。这时，孩子就会产生如下感受并陷入孤立状态：

- 心里不舒服，并且一直哭。
- 如果他仍然不高兴，没能和父母在心理上建立起联结，他的反应就会出问题，并且表现出不高兴。

- “自我随着与父母的沟通发生改变”时不能感受到连贯性。

虽然外在世界没能给他安慰，但他的自我意识还是在这种没有发生实际联结的沟通中形成了，当然这种自我意识是有问题的。这种感受上的不连贯，使得孩子不知道该期望什么或者依靠什么。孩子也会因此慢慢形成一种看法，认为“自我意识随着与父母的沟通发生改变”是不可靠的，也是不连贯的。适时沟通有时会产生连贯的自我意识，有时则由于沟通中缺乏连贯性，使孩子陷入孤立状态。孩子也会因此形成这样一种认识：世界是一个缺乏安全感的地方。他们的自我意识里也会充满焦虑和不确定。

为了能够健康成长，孩子需要和生命中重要的人进行这种适时沟通。对孩子来说，他们尤其需要体贴的父母：虽然没有哪个父母能够一直提供适时沟通，但是频繁地与他人产生联结所带来的心理感受对人际关系的建立非常重要。理解孩子发出的信号对父母来说往往是个挑战，有一些孩子可能比较难以理解，也不好安慰。当不可避免的分离和误解发生时，我们应当修复这些问题，如此，孩子也就会渐渐明白，他们和我们之间的联结是可以修复的。通过适时沟通和必要的关系修复，孩子会慢慢积累起积极的、与父母的内心紧密联结的感受，这能使他们在成长中形成连贯的自我意识。

要积极地接受和认可适时沟通复杂的过程，我们需要有把自身与外在事物联结起来的意愿，这些外在事物要比物理意义上的自我大很多。如果父母在自己童年时没有与他人发生心理上的联结，那么这种亲密的、相互配合的沟通对他们来说就有点困难。时刻感受和理解孩子的沟通需求并做出回应，这种基本的心理反应对父母来说是个挑战。如果孩子觉得父母的回应不够及时，也不恰当，他们的情绪就会变得低落，这会削弱他们进一步与人交往的动力。如果父母或其他重要的成人使他们对现实的认识不全面或有所误解，孩子就会感到困惑。

错失联结

我们每天都会错过建立真正联结的机会，这是因为我们仅仅从自身角度出发，不能正确地倾听和回应孩子，没能和孩子的内心建立起联结。当孩子告诉我们他们的想法或感受时，不管我们是否有同样的感受，我们都应该尊重孩子的感受。父母应该倾听和理解孩子，而不是告诉孩子自己的想法，或者一味地指责孩子不对。

下面的例子也许有助于说明这个观点。设想一下，你的孩子正骑着自行车，突然摔倒了。你可能会觉得孩子只是受到了惊吓，没有受伤，但是孩子哭了起来，你回应说："你没有摔伤，你不应该哭，你是一个坚强的男孩。"而不管是身体上还是自尊心上，孩子都感受到了伤害，你却告诉孩子他这样是不对的。现在设想一下，如果你对孩子说："你骑过那个土堆时摔在了草坪上，这可能吓到你了。你摔伤了吗？"孩子会有什么样的感受呢？

再设想一下，你的孩子在广告中看到一个很特别的玩具并表现出了强烈的喜爱之情，但是你回应说："噢，不！你不会真想要它吧？那只不过是一个没用的东西。"孩子仅仅是告诉你他想要它，但这并不是说你必须给他买一个。你可以这样满足他的愿望："那个玩具看起来很好玩。告诉我，你喜欢它什么？"如果他坚持要你马上给他买这个玩具，你可以说："我知道你迫不及待地想拥有它，因为你非常喜欢它。也许你是想让我记下来，等过节的时候，我就知道该给你买一个什么样的礼物了。"如果父母懂得不用实际满足孩子的愿望就能让孩子拥有并表达出愿望，父母就能在不拒绝孩子的情况下和孩子在心理上建立起联结。

还有一个更极端一些的关于非适时沟通的例子。有一次玛丽在访问幼儿园时看到如下场景。

老师正在上课，孩子们都趴在课桌上听课。一个小男孩遇到了困难，经过一阵苦思冥想后，他拿着纸去找老师寻求帮助。为了不打扰老师，他在旁边静静地站了一会儿，希望老师能注意到他。但是这位老师没有理他，因为之前他就说过，所有学生都必须在自己的座位上学习，但是这个小男孩却擅自离开了座位。为了问问题，他主动跟老师说了句话，希望能引起老师的注意。

老师没有转过头看他，只是说道："安迪，你不能在这儿。"

安迪觉得很困惑。过了一会儿，他用手轻轻地碰了碰老师的肩膀，重复了一遍他的问题。

老师这才转过头来，直直地看着安迪，然后说："安迪，你不能在这儿！"老师坚持自己的原则，对安迪的交流需求置若罔闻。

安迪转身走开了，眼睛里流露出失望之情，他耷拉着脑袋，慢慢地回到自己的座位上，漫不经心地在纸上乱画起来。

安迪因为学习上的困难向老师寻求帮助时遭受了很大的挫败。他的内心到底会有怎样的感受呢？对任何一个人来说，当我们对别人有所需求却没法和他们在心理上建立联结时，我们就会变得烦躁不安，对安迪来说这种情绪就是羞耻。一个5岁的孩子对"你不能在这儿"这句话一定感到非常困惑。他不仅没能和老师进行适时的交流，而且老师的回应也是一种"疯狂"的做法——她说的话不仅拒绝了孩子真实的内心，而且也否定了她自己的行为。如果他真的"不在那儿"，她怎么还能对他讲话？这就是非适时沟通的典型例子。

Parenting from the Inside Out 教养笔记

- 如果孩子因为生命中重要之人的冷漠回应而联结需求没有得到满足，他就会感到疏离和孤独。孩子的情绪机制一旦形成，就会产生与他人进行联结的需求。在孩子最需要联结的时候，他对其他人的冷漠回应也最为敏感。

横跨左右脑的沟通

沟通包括语言沟通和非语言沟通两种形式。非语言沟通能让我们感受到与他人在心理上的联结，感觉自己与他人的心紧紧地连在一起。要理解他人，需要的不仅仅是语言。非语言信息常被人无意间感受到，这些信息深深地影响着我们对外界的感受。对这类信息的理解主要由右脑完成，右脑不仅可以发送和接收非语言信息，而且在调节内在情绪状态上也起着重要作用。如何适时地与他人传递非语言信息，对大脑平衡心理状态的方式有着深远的影响。

另外，左脑擅长发送和接收语言信息。也就是说，我们还有另一套基于语言的思想体系，这种思想与我们内在的非语言感受有明显区别。一个人右脑发出信号会直接影响另一个人右脑的活动。左脑也是一样，来自对方左脑的语言会激活我们的左脑。只有他人发出的语言信息和非语言信息是相符的，我们的沟通才有意义。

Parenting from the Inside Out 沟通的方式

适时沟通：接收—处理—回应。

协调配合的沟通：探索—理解—融入。

非适时沟通：询问—评价—改变。

如果在沟通的过程中语言信息和非语言信息不相符，整体信息就会含糊不清，令人费解。换句话说，我们在同一时刻就会接收到两种相互矛盾的信息。比如一位妈妈很伤心，女儿感受到了这种非语言信息，问道：“妈妈，你怎么了？是不是我做了什么事让你不高兴？”妈妈勉强地笑了一下，说：“不，亲爱的，我没有不高兴。一切都很好。”女儿就会因为妈妈这种互相矛盾的信息感到困惑。妈妈的内心明明告诉她发生了什么事，但是妈妈说的话却给出了截然相反的信息。如果语言信息和非语言信息不相符，孩子要理清这种困惑以及交流中出现的信息不一致，就变得非常困难了。

如果我们在童年时期有“不好”的情绪经历，成年后我们对孩子以及我们自身的情绪就会难以适应。如果我们能够直接、简单且委婉地表达我们的情绪，孩子就能从中获益。通过观察我们的情绪反应方式，孩子可以学会设身处地地考虑问题。如果我们既能尊重孩子的感受，又能尊重我们自己，我们就能做到坦诚相待和热情满满。当我们烦躁、生气、失望或激动、自豪、高兴时，我们可以让孩子知道我们的感受，孩子也需要知道我们的感受。如果我们表达出内心情绪，孩子就会知道什么对我们是重要的，同时也会知道情绪表达的正确方式。

我们与他人适时沟通的方式会影响我们的自我意识。我们的大脑在功能结构上能与他人的大脑联结起来。相互协调配合的沟通需要我们在与他人沟通语言信息与非语言信息时，我们的左右脑与他人的左右脑自发地建立起联结。这种沟通不仅能让我们感觉到与他人的亲密和心理上的联结，也能让我们的内心感受到连贯、顺畅，觉得我们的交流进入了一种平衡状态。我们对自我的意识也会受到此时形成的“我们”的深刻影响。

打开沟通通道

如何才能积极地认可和接受这种相互协调配合的沟通方式呢？为了与他人清楚明白地沟通，我们需要接收对方发出的信息，并对其做出处理和回应。

接收语言信息及非语言信息是沟通过程的第一步。语言信息包括描述我们的观点、想法以及内在感受的话语，也包括能够转化成文字的任何实体。这些信息都来自左脑。非语言信息包括眼神接触、面部表情、语气、肢体动作、态度以及回应的及时性和强度。这些都由右脑来接收和发送。在通常情况下，沟通过程中情绪化的、能产生一定意义的信息都来自右脑。在沟通的过程中，对非语言信息给予密切的关注非常重要。通过分享非语言信息，沟通双方可以建立起紧密的联结。

信息处理过程需要我们通过心智模式这层透镜，过滤掉对信息所做的外在评价。心智模式形成于我们过去的生活经历，既影响着我们现在与人交流时对信息的理解方式，也影响着我们对未来生活的预期。

倾听孩子有利于我们更好、更多地了解孩子的心理状态和想法。这种内在的处理过程也需要我们考虑自己的内心感受。真正的协调需要双方心理上的融合，这需要我们尊重和理解自己及孩子的心理感受。如果父母只顾自己的感受，不去了解孩子的内心想法，那么他们在和孩子建立亲密且有意义的关系时就有可能遇到困难。另外，如果父母只考虑孩子的想法却忽视了自己的内心感受，孩子就会缺乏独立性，过度地依赖父母，父母也会对孩子的过分要求感到气愤。

Parenting from the Inside Out 教养笔记

- **在与孩子相处的过程中，除了考虑孩子的感受，父母也需要考虑自己的感受，否则孩子就会缺乏独立性，过度地依赖父母，在独处时缺乏安全感，而父母也会感到筋疲力尽。**

健康、良好的关系需要我们满足孩子对爱和养育的需求，也需要我们给孩子创造一些经历，使我们与孩子之间复杂且呈动态变化的亲子关系形成一种合理的结构。比如一位母亲要给来访的朋友准备晚餐，这时 5 岁的女儿走进厨房，想要在厨台上画水彩画。现在，即使这位母亲很认可孩子富有创意的想法，也很欣赏她自我动手的能力，但是，她在这个时候画画，必然会影响母亲继续为客人准备晚餐。如果这位母亲让孩子在厨台上作画，那么到最后她极有可能对女儿发火。

直接说“不”可能让孩子感到挫败，并引起女儿对她的疏离和吵闹，而且也没有必要花费时间和力气这样做。

适时的回应应该是这样的：“我知道你喜欢画画，但是我真的忙着为我们的朋友准备晚餐。如果我允许你在厨房里画画，恐怕过一会儿我会发脾气的。”适时的回应能让母亲在和孩子相互协调配合的沟通中与孩子融为一体，这对母亲和孩子来说都比较容易接受。

适时回应并不是一面镜子，不是简单地对他人发出的信息进行准确的复制后又反射给他人，这样的回应极其令人沮丧。“我去不了公园，我快气疯了！”一个男孩对他的妈妈说。她反射式地回应道：“谁让你发这么大的脾气，所以你不能去公园！”这只会让儿子捂起耳朵，“噔噔”地跑出房间。

相反，协调配合的回应应该是这样的：“我知道你今天真的很想去公园，我也希望我们能去。但是很遗憾，计划不得不改变。”这种回应说明妈妈已经接收到了孩子的信息，并在理解孩子的心理状态后对这些信息进行了处理，而且她说话的方式不仅考虑到了孩子的想法，也考虑到了他的心理感受。

在非适时沟通中，我们可能经常会询问、评价，然后试着去改变某种状况。询问是指用一种假设的语气质问某人经历了什么。这种询问往往带有一定的目的，并且希望得到预期的答案。

举个例子，如果你10岁的女儿比较害羞，来到新学校后不善于结交朋友，你会对她的社交关系感到担忧。她一回到家里，你可能会立即问她与朋友相处得怎么样，比如“今天你和同学一起玩了吗”或者“吃午饭时你有没有和其他女孩说话”。尽管你的目的在于帮助女儿，但是询问已经对社交生活感到紧张的人这样敏感的问题，可能会使她感到更加不适。

评价是指对对方经历中对或错的方面做出判断。即使在沟通中我们会努力地接收对方的信息，但我们还是会对其异于常人的处事方式感到不满。有时候，这种判断来自我们自身固有的心智模式，而且在通常情况下，我们可能意识不到这种内在的心智模式，也意识不到由它们产生的心理偏见。

假如你希望女儿变得外向、活泼一些，但是她的表现不尽如人意，所以你可能会在询问她的一些问题或者其他行为中流露出对她的失望。“如果你对朋友更友善一些，我相信他们会更愿意和你玩”或者“为什么你不能像表妹苏茜一样？她一直对人很友好”，这种论断式陈述不会让孩子感到父母理解她或支持她，更不会提升她的自信。

如果你回应孩子的目的在于急切地改变某种状况，你就会失去融入孩子、与他们进行协调沟通的机会。而且，试图强行改变孩子的问题，不仅不尊重他们的内心想法，也不会解决他们的实际困难。当然，帮助孩子学习解决问题是非常重要的。但是在了解孩子的内心之前就贸然地改变他们的问题，这对他们来说不仅是一种侵犯，也是对他们不尊重的表现。

Parenting from the Inside Out 教养笔记

- **不要试图改变孩子的性格，而要试着融入孩子。当你努力理解孩子的内心时，一定要保持思维开阔。**

在上文提到的例子中，如果没有经过女儿的允许就邀请几个女孩到家里来，这就可能是一种侵犯，也不会起到很好的作用。相反，面对和接受女儿与他人相处的现状，这样你才能更好地理解她遇到的困难，才能帮助她学会社交技能，而这些技能可以极大地改善她与同龄人的关系。只有认识和接受她的脾性，才能知道如何给予她帮助，让她慢慢地获得与他人接触的勇气。有了你和她心理上的融合以及你对她的理解和支持，她也才能更有安全感，才更有勇气和力量去面对世界，也更愿意尝试新事物。

‖沟通的过程和内容‖

认识到自己与他人进行人际沟通的过程和内容，对连贯的自我认知的形成很重要。但在大多数情况下，我们都把注意力放在沟通的内容上而忽视了沟通的过程。实际上，重要的不仅仅是内容，我们与他人互动的意义更多体现在沟通的过程中。这意味着什么呢？沟通是指我们在与他人产生联结时融入其内心，而不仅仅是分享一些特定的信息。这种动态的信息流动可以把我们与他人联结起来。当我们进入交流过程中——本质上是大脑内部能量和信息的交换——我们彼此之间就建立起了心理联结。

如果父母有遗留的或悬而未决的心理问题，他们常常会把这种包袱带到与自己孩子的相处中。在沟通中，父母对孩子发出的信息会因为自身僵化的认识而带有偏见，也会因为他们封闭的内心而扭曲孩子的意思。如果父母把他们的个人观点作为对世界的唯一认识，他们就堵上了与孩子融洽沟通的通道。

如果亲子关系中没有这种协调配合，孩子内心的沟通通道也会被封闭，不再轻易地接受新事物。如果无法和孩子建立心理上的联结，我们和孩子之间就极有可能不再发生任何实质性的或有效的交流。而且到最后，父母和孩子都有可能变得恼怒、充满挫败感，感受到相互间的疏远和隔阂。

生活不仅反映了我们与他人交往的过程，也反映了我们过去的生活内容。而家庭环境不仅影响了我们的童年记忆，也影响了我们如何记忆生活中的点点滴滴，并最终形成连贯一致的心智。但相互协调配合的适时沟通不会自然而然地形成，因为它不属于我们童年生活的一部分。幸运的是，我们能够学会倾听孩子，也能意识到他们和我们自己内心的想法。父母的交流方式对孩子心智的连贯具有一定的影响。因此，意识到人际沟通的过程和内容，对连贯的自我认知的形成非常重要。

Parenting from the Inside Out

反思练习

1 想一想你在童年时有没有内心想法被拒绝的经历。当时你的感受是什么？那次经历中你和父母之间发生了什么？

2 观察一下他人是如何沟通的。首先，注意他们的用语以及正在描述的事情；其次，留意一下他们沟通时的语气。他们交流中的语言信息和非语言信息相不相符？其中，语言信息和非语言信息是如何相互配合的？你对这种沟通有什么感受？

3 观察一下两个人的沟通通道没有打开时的情形。你对他们之间的这种疏远有什么看法？想一想你自己是怎么与他人沟通的。在什么情况下你会去询问、评价或者改变某种状况？你觉得童年时与他人的沟通方式对你现在与他人的相处有什么影响？

科学聚焦

Parenting from the Inside Out

以前人们认为，大脑在本质上是一套存在于身体内部的神经系统，并且作为一个独立的结构发挥着作用。随着技术的不断发展，现在我们能够较为全面地认识大脑，开始认识到大脑之间的联系是多么错综复杂。比如，我们与他人进行大脑上的交流，会直接影响我们自身的大脑结构。这种影响不是一种偶然，而是长期进化的结果，而且这种进化具有一定的弹性——会随经历的改变发生改变——这种高度社会化的器官既受到我们同伴的影响，又反过来影响着我们的同伴。

“面部静止”实验和“双电视”实验

我们可以从基本层面来理解这种大脑之间的联系：思维是随着大脑内或两个人大脑之间能量和信息的流动产生的。对婴儿的研究已经表明，我们刚出生时人际交流的本质是一种调和的、互换的、相互协调配合且适时的交流，这也是一种普遍存在的、把父母和婴儿联系起来的重要作用过程。研究人员为了知道更多这种作用的具体过程，特意设计了一些方法来研究亲子关系。

科尔文·特里沃森是一位早先接受脑科学训练的研究心理学家，他是世界著名的婴儿研究者，他认为父母恰当的回应对婴儿幸福感的形成非常重要。在“面部静止”实验中，一位妈妈被要求在孩子试图和她交流时保持面无表情。

起初这个孩子表现出了强烈的交流愿望，接着愤怒地抗议，然后变得烦躁不安，最后则放弃了交流的尝试。

研究人员把这解释为孩子希望能和父母进行融洽交流的需求。但是特里沃森认为这个实验没有考虑到这种可能性，即孩子需要的仅仅是一个积极的回应，而不一定是和父母进入一种融洽的适时沟通状态。为了说明这个问题以及弄清楚婴儿在早些时候（3个月到4个月大时）和父母的交流中有哪些因素是必不可少的，他和同事设计了一个名为“双电视”的实验。

婴儿一般都喜欢盯着爸爸妈妈的脸看。假设在一个封闭的电视回路系统里有两台用信号线连接起来的电视监视器，婴儿一直盯着有妈妈图像的那台监视器看。由于角度设计巧妙，监视器上的摄像机恰好对准婴儿的面孔。换句话说，婴儿盯着监视屏幕上妈妈的脸时，也在无意识地看着摄像机。这样，摄像机就把婴儿的图像发送到另一台与其相连的监视器里，而他的妈妈此时正盯着这台监视器。而且这台监视器有着同样的设置：妈妈在看着孩子的脸的同时，也在看着摄像机，因此摄像机上的镜头也同时把她的图像传送给了孩子。

实验的第一阶段是让他们进行实时互动，结果人们看到了几乎与面对面交流一样的情景：随着信号的增强和减弱，妈妈和孩子进行着非语言信息的适时沟通，此时他们的情绪在某种程度上达到了一致。这种心理上的调和表明，进行互动的两个人通过非语言信息的情感表达，能够在内心状态上取得一致。实验的第二阶段则说明了适时的重要性。在这一阶段，播放记录有妈妈画面的录像的前几分钟给婴儿看，婴儿盯着录像里的妈妈，还跟先前一样等着妈妈积极的回应，但是现在不同了——它们不再具有适时性。由于播放的是录像的前几分钟，所以信号仍然比较强且积极，但是它们与婴儿此时发出的信号已经不再相符。

接下来会发生什么呢？当妈妈没有做出相应的面部回应时，婴儿出现了和

“面部静止”实验中同样的反应：起初变得不高兴，然后恼怒、烦躁，最后就放弃了。这个实验清楚地说明了婴儿需要的不仅仅是父母的简单回应，他们需要的是适时的回应。

在生活中，我们同样需要这种适时性。我们的自我意识产生于与他人的交往过程中。适时沟通能让我们在心理上感到连贯、顺畅，并在神经上产生一种核心自我。这种自我完整而有生气，能够让我们在面对外界时充满朝气和活力。交流的断裂则会破坏实时性。从根本上讲，要修复这种情形就要重建适时性。而有了联系，两个人的内心状态就会重新达到一致，自我感受也会变得连贯。

‖自我意识‖

与生命中重要的人交流会影响我们的自我意识。苏联心理学家列夫·维果茨基早在20世纪20年代就说道：“意识是一种内在的对话。”我们如何与自己对话会受到他人与我们交流方式的影响。把讲述故事作为定义和认识自我重要特征的研究人员也持类似观点：“我们通过与他人的人际关系构建我们的生活故事。”儿童心理学家丹尼尔·施特恩则引用婴儿成长的研究结果，详尽、具体地描述了父母与孩子的交流是如何影响孩子早年自我意识的形成的。

相关脑科学研究表明，我们的大脑具有精细、复杂的社会化特征。进化生物学也带给我们这样一种认识：大脑是身体的社会化器官。心脏抽压血液，肾脏过滤血液，胃消化食物，而大脑则负责把我们的内在心理与外在世界协调起来。因为我们是从群体进化而来的，我们要生存就需要能读懂他人发出的信号。这种“心理—解读”过程不仅给我们传达信息，还影响着我们的生存。一项针对婴儿“社会化参与”心理作用的研究指出，父母的面部表情和肢体动作所体现出的强烈的情绪反应方式，在无形中决定了孩子的情绪反应和行为方式。

在其他最新的脑科学研究中，人们利用脑损伤病人的资料来探索自我意识的产生。神经学家安东尼奥·达马西奥曾就大脑的特定区域如何产生自我意识发表过论文。我们可以从中了解大脑的社会化特征。他的主要观点是，大脑通过神经作用产生核心自我，而且其在形成的过程中不断受到外界的刺激。交流本身就是一种可以改变自我的“刺激”，接受这个观点，我们就可以想象出适时沟通到底是如何产生出一个连贯的核心自我的。我们认为，只有在社交环境中人们的反应比较适时的情况下，一个连贯的自我才能通过神经作用产生。

这种观点与维果茨基的看法不谋而合，他认为复杂的自我意识建立在生活经历的基础之上。亲历式自我意识与所谓的“过去—现在—将来”意识类似，这在安道尔·图威及其同事的著作中被称为“心理上的时间之旅”。我们能时刻认识到各种事情带给我们的影响，这种意识称为初级意识，在很多研究人员的描述中也被称为一种“此时此地”的意识形态。

这些类似的观点说明，自我是把我们与外部世界的即时互动以及生活阅历嵌植于脑神经回路中产生的。这种连贯的自我意识的形成,既需要我们“此时此地”的自我感受和与他人的互动，也需要我们“心理上的时间之旅”，这能让我们在这样一种内在心理与外在世界的动态变化以及互动中，形成一种“过去—现在—将来”连贯一致且能够反思的亲历式自我。

Parenting from the Inside Out

05 如何获得安全感

孩子的依恋模式

婴儿降临于人世，需要依靠父母的照顾才能很好地生存，这个责任常常由母亲承担。她给新生儿食物，在需要时给予抚慰，这样，孩子就和她形成了一种基本的依恋关系。如果孩子和母亲之间经常有亲密联结，孩子就能时常感受到安全。对孩子来说，有一个能够细心照料他的成人，并且这个人能够感受、理解他的需求并积极地做出回应，他就会有安全感。可预期的幸福感和对孩子的长期照料能够形成“依恋理论”提出者约翰·鲍尔比所谓的“安全基地”。这种内在的安全模式有助于孩子健康成长，使他积极地探索外部世界。安全依恋在社交、情绪以及认知领域等很多方面都与孩子的健康成长有关。

依恋研究指出，亲子关系对孩子与同龄人的相处、接触外部世界时的安全感、抗压能力、情绪调节能力、理解和分析生活的能力以及将来与他人建立有意义的人际关系都有非常重要的影响。依恋关系能为孩子接触世界打下基础，而小时候和父母形成的健康的依恋关系能够为孩子提供一种安全基础，让孩子学会认识自身及他人。

依恋与成长

一个人的性格是由他固有的、与生俱来的脾性特点（比如敏感、外向或情绪化）和他与家人以及同龄人的相处经历综合作用而形成的。基因对孩子的成长有巨大的影响，包括神经系统的一些固有特征以及交流过程中人们对他们的回应方式。此外，生活经历也会直接影响孩子的成长，比如影响他们基因的激活和大脑结构的塑造。对孩子的健康成长来说，先天（基因）需要与后天（经历）相互协调。因为正是基因和经历的相互作用共同影响了孩子的成长。

依恋关系对孩子的成长有极其重要的影响。婴儿在所有动物后代中是最不成熟的物种之一，他们的大脑与成人复杂的大脑相比，发育还很不成熟。而且，人类有着复杂的社会性：我们的大脑在构造上能与他人的大脑建立联结，这在一定程度上影响了大脑的功能和发育。正因如此，依恋经历在影响我们的成长方面具有举足轻重的作用。

有些人则担心依恋研究会得出这样的结论：我们的早年生活决定了我们的命运。事实上，依恋研究还表明，孩子与父母的关系可以改变，而且孩子与父母的依恋关系也可以改变。这意味着孩子在任何时候做出积极的改变都为时不晚。研究还表明，除了和父母的关系，孩子在后天生活中和其他人形成的相互理解且可靠的关系，也能给他们带来力量。这种精神动力根植于孩子的内心，会随着孩子的不断成长慢慢形成。此外，与亲戚、老师、看护者以及心理咨询师的关系能给成长中的孩子提供重要的人际联系。

安全型依恋

人们认为，只有当孩子与父母在心理上有调和一致的适时沟通时，安全型依恋才会产生。父母在孩子需要的时候给予积极的回应，能让孩子时常感受到父母与他们心理上的联结以及父母对他们的理解和保护。

我们可以通过观察交流过程中有没有出现所谓的“依恋 ABC”特征，来了解依恋如何在交流中产生。依恋 ABC 特征指调和（attunement）、平衡（balance）和一致（coherence）。

Parenting from the Inside Out 依恋ABC特征

依恋的调和、平衡、一致特征在沟通中具有逻辑上的先后顺序。

调和（attunement）

让你的内在心理状态与孩子保持调和。与孩子进行非语言信息的适时沟通通常都能实现这一点。

平衡（balance）

孩子一旦与你的心理状态达到调和，就能获得身体、情绪以及心理状态上的平衡。

一致（coherence）

如果你与孩子的关系既能使孩子感受到平衡，又能使他们在与其他人相处时与其建立起心理上的联结，孩子就会产生一种协调一致的心理感受。

如果父母一开始做出的反应就与孩子的心理调和，孩子就能感受到父母对他们的理解以及与父母心理上的联结。和谐的交流能让孩子保持内在心理上的平衡，帮助他们灵活、均衡地调节身体、情绪以及心理状态。这种和谐交流的感受和由其产生的平衡能让孩子在内心感受到协调一致。

依恋是存在于大脑内部的一套先天系统，其不断进化发展以使孩子获得更多的心理安全。依恋能使孩子：

- 寻求与父母的亲近。
- 不高兴时把父母当作避风港寻求安慰。

- 把与父母的关系内化为一种内在的安全模式。

如果孩子在与父母的依恋关系中能够一直感受到与父母心理上的适时交流，孩子的安全感就能够建立起来。这能给孩子带来内在的幸福感，并因此激励孩子积极地探索外部世界，与他人建立新的联结。

不安全型依恋：回避型、矛盾型和紊乱型

如果父母不能经常让孩子感受到他们与父母的心理联结，也不能给孩子带来安全感，孩子就会形成不安全依恋。若对交流方式做了很多调整却还没有出现依恋 ABC 特征，孩子就不太可能产生想要寻求亲近、把父母当作避风港以及“安全基地”的心理感受。如果不安全依恋在孩子的心理上持续存在，势必会影响孩子将来与他人的相处。

不安全依恋有若干种表现形式，这是由长期与父母的心理不调和、不能进行适时沟通造成的。如果父母经常不在家，或者常常拒绝孩子的正当需求，孩子就有可能形成回避型依恋。这种依恋表现为孩子通过回避与父母的亲近和情感联结，以适应父母的冷漠态度。在这种依恋关系中，父母和孩子交流时常常语气冷漠，缺乏情感。出现这种情况是因为这些父母从小就在情感淡漠的家庭中长大，对自身的成长经历没有进行过理智的分析，即使他们的依恋需求得不到满足，他们也不得不适应这种家庭环境。

一个有着矛盾依恋情结的孩子在和父母交流时会有不协调感，有时甚至觉得父母侵犯了他。孩子也因此感受不到与父母的联结。如果孩子在与父母的交流中经常有不和谐的感受，觉得父母不可靠，那么他们在企图依赖父母时，心里就会充满焦虑和不确定。因为他们不知道应该期望什么。这种矛盾会在亲子关系中带来不安全感，并且在孩子以后的社交经历中持续存在。

在回避型不安全依恋和矛盾型不安全依恋中，孩子与父母的关系已经固定。他们希望分析和理解自己这种经历。他们尽最大努力去适应父母的世界。这种艰难的适应可以看作孩子重建与父母的关系的一种方式。

孩子如何适应和父母之间的依恋关系会直接导致其以一种特别的方式进行社会交往，这种交流方式原本存在于和父母的依恋关系中，但随即被运用于与他人的交往中。在与老师、朋友以及随后的婚姻伴侣交流时，如果继续沿用这种适应模式，就会给我们的心理造成负面影响，但这只会使旧模式更加稳固。比如我们更加坚定不移地相信，世界是一个冷漠的荒凉之地（回避心理），或者是一个变化无常的难以托付之地（矛盾心理）。

如果孩子的依恋需求经常得不到满足，而父母的行为又时常给他们带来迷惘和恐惧，他们就有可能形成紊乱型依恋。紊乱型依恋的孩子在与父母相处时，经常觉得父母的行为令人难以忍受，让人恐惧，而且也很混乱。如果父母成了孩子惊恐和困惑的来源，孩子的心理就会陷入生物学上所说的“矛盾状态”。

生物学意义上的依恋系统，在结构功能上能够促使孩子寻求亲近，在不高兴时寻求父母的抚慰和保护。但是在不安全依恋下，孩子就会“被卡住”，因为每当对父母的恐惧来袭时，孩子都会有一种想要逃离的冲动。这就是依恋研究者玛丽·梅因和埃里克·赫西所谓的“无法驱除的恐惧”。这对孩子来说是一种进退两难的困境，他们没法理解这是怎么一回事，也没法正确地适应。孩子对这种依恋系统唯一可能的反应就是情绪紊乱、毫无头绪。

在经常受父母虐待的孩子中，紊乱型依恋出现的概率相当高。由于虐待与父母应该给予孩子的安全感相悖，因此它会破坏父母与孩子之间的关系，使孩子的自我支离破碎，进而给孩子的心理带来难以想象的影响。事实证明，虐待会使孩子尚未发育成熟的大脑神经调节区受损。对紊乱型依恋的孩子来说，神经调节功能的受损会成为一种机制，导致孩子难以调节自身情绪，出现社交障碍，并在与推理思维有关的学习上出现困难，有暴力和精神分裂倾向。

即使父母没有虐待孩子，但如果孩子一直遭受父母的行为带给他们的恐惧或者迷惘的折磨，那么在这样的家庭中孩子也有可能出现紊乱型依恋。经常对孩子发火或酗酒的父母通常会吓到孩子，让孩子感到恐惧，这也会导致孩子的紊乱型依恋。如果没有办法阻止父母的这些行为，那么在每次恐惧降临时孩子就会寻求自我安慰。这种混乱而毫无规律的家庭经历会损害孩子大脑的协调功能，使孩子在调节情绪和应对压力方面出现困难。

父母为什么要这样对待自己的孩子呢？研究表明，曾有心理创伤或情感缺失的父母，如果心理问题得不到解决，他们就极有可能做出让孩子恐惧的行为，从而造成孩子的紊乱型依恋。

Parenting from the Inside Out 教养笔记

- 曾有心理创伤或情感缺失本身不会使你养育出一个心理紊乱的孩子，而缺少解决这些问题的办法才是关键所在。对你曾经的遭遇进行分析，治愈你过去的心理问题，任何时候都为时不晚。这样做，你和你的孩子都将获益。

不同的依恋关系，不同的沟通模式

如果父母知道依恋关系会对孩子的成长造成影响，也明白他们的交流和行为方式会影响孩子安全型依恋的形成，他们就会积极地去做一些改变。父母可以学习如何才能使自己与孩子的沟通更具适时性，并积极地为良好的亲子关系打下坚实的基础。思考表 5-1 中这几种依恋类型，或许有助于父母做出改变。

表 5-1 依恋类型

依恋类型	亲子间的互动模式
安全型	容易获得情感，能够感受到，并能做出反应
不安全型—回避型	情感不容易获得，难以感受到，不能做出反应
不安全型—矛盾型	交流、感受和反应都不具有一致性
不安全型—紊乱型	令人恐惧，感到迷惘、惊恐

以下几个关于亲子互动的例子用于说明表 5-1 中的不同依恋类型。每个例子描述的都是父亲照料 4 个月大的女儿的情景。

安全型依恋

> 女儿饿了，开始哭起来。爸爸听到哭声后，放下手中的报纸，走到婴儿护栏旁边，试图弄清楚女儿为什么哭。他轻轻地抱起她，看着她的眼睛，说："怎么了，我的小宝贝？你是想让爸爸陪你一块儿玩吗？噢，我知道了，你肯定是饿了，对吗？"他把女儿抱进厨房，一边准备她的奶瓶，一边和她说话，告诉她马上就好了。他坐下来，抱着女儿给她喂奶。女儿看着爸爸的脸，对温热的牛奶和爸爸温馨的照顾感到十分满意。

在这次互动中，爸爸感受到了女儿不高兴的信号，而且能够准确地理解信号的含义，并及时地做出了回应。女儿则从这次经历以及更多类似的与爸爸的适时交流中，感受到了爸爸对自己的理解和尊重，得到了爸爸的准确回应。她得到了理解，而且还是生命中重要之人对她的理解，所以有着特别的意义。她也因此对生活充满了信心："如果我能够与外界很好地沟通，我就能够找到办法让自己的需求得到满足。"这样，孩子的安全型依恋就慢慢形成了。

回避型依恋

回避型依恋的孩子则有着完全不同的经历。

她躺在护栏里刚开始哭时，爸爸并没有注意到。当她哭得更厉害了，爸爸抬起头看了看，但还是把看到一半的文章看完，然后才去看女儿。他为女儿打断他看报纸很是生气，站在护栏边看着女儿，说道："嘿，什么事大惊小怪的！"

他以为女儿需要换尿布，于是抱起她放到换尿布台上，一声不响地给她换尿布。换好后他又把女儿放回护栏里，接着看报纸。然而女儿还是哭个不停，他以为女儿需要午睡，于是又把她放到婴儿床上。但女儿还是在哭，他只好给她盖上毛毯，拿来安抚奶嘴，希望这样能使女儿安静下来。然后他关上门，认为女儿可能需要自己静一静。

然而女儿并没有停止哭泣，而且此时距她最开始表达对食物的需求已经过去了45分钟。"也许她饿了。"他这才意识到，看了看表，发现距离女儿上次喝奶已经过去了4小时多。然后他准备好奶瓶坐下来给女儿喂奶，女儿这才安静下来。

通过这次经历，孩子便知道爸爸不是每次都能够明白她发出的信号。首先，爸爸即使听到了她的哭声也不知道该怎么做。其次，爸爸不明白她需要什么，他好像对女儿发出的微妙的交流信号难以觉察。最后，在女儿闷闷不乐了很长时间以后，他才明白了女儿的意思。如果这种交流模式经常出现，女儿就会认为爸爸不太能够满足她的需求，或者不容易和她建立起联结。

矛盾型依恋

在这个例子中，孩子得到了与前两者都不同的回应，这种回应是她矛盾型依恋的成因。

父亲听到女儿的哭声时似乎知道应该做什么，但他又表现得很犹豫，似乎对抚慰女儿没有信心。他起身离开桌子，表情凝重，来到女儿身边并抱起了她。他有点担忧，突然想起了工作上的烦心事。

上周是极其糟糕的一周，因为老板说他的表现很不好，希望他对客户能果断一点。这又使他想起他的父亲总是怀疑他的能力，经常在全家人一起吃晚饭时，当着母亲和两个哥哥的面对他评头论足。而且每次父亲责骂他时，母亲从来不替他说话，并且母亲也表现得对他越来越担忧。后来，每当父亲责骂他以后，他偷偷地跑到自己房间里哭，母亲都会走进他的房间，对他说父亲教育他的时候他冲着父亲大喊是不对的，他应该学会控制自己。母亲看上去心烦意乱，她的这种担忧使他更加紧张，对自己更加没有信心。他在心里暗暗发誓，他以后绝对不会像父亲对他那样对待自己的孩子，他也绝对不会做让孩子伤心的事情。

让我们回到现在，此时女儿还在他怀里哭。“这一定是孩子最伤心的时候。”他自言自语。他的忧虑表情和紧紧环绕的胳膊没有给女儿带来一丝安慰或者安全感。她只是一个婴儿，还不能明白爸爸的担忧是因为她。不过他很快认识到孩子饿了，然后给她准备奶瓶。尽管看到女儿高兴地吃起了奶，他很欣慰，但他还是担忧如果女儿过一会儿再哭的话，他又不知道该怎么安慰她了。

如果类似情况经常发生，就会导致孩子形成矛盾型依恋。这种依恋模式常常表现为：“我不确定爸爸是否能够满足我的需求——不管采用什么方式。有时候他能，有时候他又不能。这次他又会怎么做呢？”这种焦虑导致了不确定感的产生，使孩子觉得与他人的联结不可靠。

紊乱型依恋

第 4 个孩子与父亲的互动同其他 3 个孩子的经历有很多相似之处，但有一点不同，即父亲很容易表现出激烈的愤怒情绪。

当女儿哭的时候他会非常烦躁，甚至会跳起来，扔下手中的报纸，直接奔到孩子的护栏旁，想立刻阻止她令人烦躁的哭声。他粗鲁地抱起孩子，胳膊非常用力，把孩子抱得很紧。女儿一开始对爸爸的到来感到欣慰，但是接着爸爸那紧紧环绕的胳膊让她感到束缚，而不是安慰。于是她哭得更大声了，因为现在她不但很饿，而且还很不舒服。爸爸发现她更不高兴了，又把她抱得更紧了一些。他忽然想到女儿可能是饿了，于是抱着她走进厨房，快速地给她准备奶瓶。就在他快要准备好的时候，奶瓶突然掉到了地上，摔得粉碎，牛奶也洒了一地。女儿被这突如其来的“咣”的一声吓到了，哭得更厉害了。

父亲被自己的笨拙以及女儿无休止的哭声激怒了，也因自己没能很好地抚慰女儿感到挫败。他的思绪开始飘忽不定，想起童年时被酗酒的母亲虐待的经历，回忆像潮水一样一波一波地撞击着他。他甚至紧张起来，心脏开始乱跳，胳膊也抱得更紧了，就像小时候每次被妈妈打骂时，他不停地哆嗦、哭泣并且大声嚎叫。刚才听到奶瓶掉到地上摔碎的声音，他觉得就好像妈妈把伏特加酒瓶扔了过来，碎玻璃摔得到处都是。然后妈妈弯下腰抓起他，让他跪在玻璃碎片上，任由碎玻璃划破他的腿。妈妈表现得异常愤怒，她尖叫着抓住他的头发，让他感到极度惊恐。他在心里发誓“我绝对不会这样做”。

此刻，怀中的女儿呆呆地望着半空，不停地抽泣。他意识到自己走神了，赶紧回归现实，叫着女儿的名字，试着安慰女儿。女儿慢慢地把头转向爸爸，但是眼神呆滞，面无表情。过了好一会儿，她才开始四周张望。他重新找了个奶瓶坐下来喂女儿。她一边喝奶，一边看着爸爸的脸，然后又看了看厨房的地板。

刚才的经历深深地影响了父亲，他分不清哪些是回忆，哪些是现实。他不能分析和理解刚刚发生的一切，这种经历会慢慢形成他和女儿的紊乱心理。

如果每当女儿不高兴时父亲就陷入恍惚状态，女儿的成长就会受到严重的影响，最终不能很好地控制和调节自己的激烈情绪。和父亲之间的这些经历使她认识到，激烈情绪很混乱，而且难以控制。父亲的这种情绪状态也导致了他们之间的隔阂，使她不能认识和分析自己的内心以及外在世界。当女儿急需和父亲建立联结时，父亲却陷入他自己的情感创伤里，把女儿扔在一边。而且他的非语言信息，比如把女儿抱得太紧、表情惊恐，又使女儿更加不高兴。

这些经历使女儿感到迷惘，因为它们给她带来了恐惧。这些恐惧与父亲从他自己的母亲那里感受到的恐惧，以及他对自己无法抚慰女儿的恐惧类似。这样的互动经历只会造成孩子的紊乱型依恋，使她在将来很难应对和处理自己以及他人的激烈情绪。她也会觉得人际关系不可靠，心理上可能会出现一定程度的分裂倾向，面对压力时也会显得力不从心。

‖适应模式‖

每一种依恋关系里都有一套经历模式，孩子也因此形成了一定的适应模式。对安全型依恋的孩子来说，他们的适应非常灵活多变，这也提升了他们的心理幸福感。而在不安全的依恋类型里，回避型和矛盾型依恋孩子的适应性和灵活性都欠佳；紊乱型依恋经历中的矛盾心理状态，又使孩子的反应毫无规律，缺乏灵活性，也不能使孩子健康地成长。

随着时间的推移，由于类似经历不断重复，这些适应模式逐渐成为孩子与父母相处时的一种存在特性。这种“存在方式”是调节情绪和亲密关系的一种适应性或者模式，有助于孩子调节内在的心理活动以及与他人的关系。随着孩子的不断成长，这种反应模式会继续影响他们的人际关系，而且在他们组建自己的家庭时，又会变得问题重重。

这些依恋类型是对孩子和父母间关系的一种衡量。因为每个人与父母的相处经历都是不同的，一个孩子可能安全地依恋这个人，却不能安全地依恋另一个人。另外，依恋关系在生活中似乎能够发生潜在的变化。所以，如果亲子关系随着时间发生改变，孩子对父母的依恋也会发生改变。

在孩子很小的时候就与孩子交流、建立联结，并与他们的心理进入一种调和状态，这样可以帮助孩子形成安全型依恋，为孩子的健康成长打下基础。通过亲子交流产生的“我们”的意识是非常重要的一种存在。有了安全型依恋，孩子能够感受到与父母的联结，从而提升安全感；而安全感又能让孩子对其生活的世界产生一种归属感。

Parenting from the Inside Out

反思练习

1 想一想依恋的 3 个基本因素：寻求亲近、避风港以及安全基础。你的孩子想要亲近你时你是如何反应的？当孩子需要安慰的时候你又是如何表现的？孩子是否把你与他之间的关系内化为一种安全基础？你是如何帮助孩子独立生活并探索外在世界的？为了改善你与孩子的关系，形成孩子的安全依恋，你会怎么做？

2 思考一下，在依恋 ABC 特征中，哪一种表现形式出现在了你与孩子的关系中。你认为在什么情况下依恋 ABC 特征会让你在与孩子的沟通中感觉心情舒畅？在抚养孩子的过程中，这些特征实现起来难不难？

3 反思一下 4 种依恋类型：安全型、回避型、矛盾型以及紊乱型。你与孩子的互动体现了这 4 种依恋模式的哪些特征？在与孩子的沟通中，你是不是不止出现了一种依恋类型的特征？你有没有觉得在一些特殊的情形下，在与孩子的互动中，适时沟通的一些特征被削弱了？你是如何改善与孩子的沟通质量的？

科学聚焦

Parenting from the Inside Out

大脑结构和功能的发育受到基因和经历共同作用的影响。子宫里的胎儿，其大脑里每一个细胞核内的所有基因，通过指导合成哪种蛋白质以及在何时和如何形成身体结构而得到表达。胎儿的大脑在发育期，神经元不断地生长，朝着头骨中合适的位置构建它们之间的相互联结，最终形成神经系统这种复杂器官的神经回路。

婴儿出生后，大脑的大部分基础构造已经成形，但是神经元之间的联结还不够成熟。婴儿出生后的头三年，大量增加的神经元联结会产生一套复杂的神经回路。在这段成长时期，基因信息直接影响着神经元的联结方式，也决定着大脑里神经回路的形成时间和特性。与此同时，由于内隐记忆的存在，这些突触联结（由神经联结产生）也会受到经历的影响。

大脑里的神经突触密度在孩子学龄前及小学阶段一直很高，但是进入青春期后会经历一个“修剪”过程，即在现有的神经元联结中自然发生的一种破坏作用，表现为把大量以前相互联结的神经元中的某些回路切除。“修剪”是成长中的一个正常过程，仅仅发生在大脑发育早期。修剪程度的大小以及哪些回路被“修剪”，则由经历和基因共同决定。

基因和经历的相互作用影响了大脑发育，这个重要观点是由灵长类动物研究者史蒂芬·索米及其同事通过对猕猴的研究得出的。幼猴在没有母猴照顾的情况下（由同伴照料长大）会表现出不正常行为，尤其是当幼猴还带有某种特定的基因的时候。

相反，如果带有这种基因的幼猴能够得到妈妈的照顾，就会有一种“母性抑制”使得这种基因无法表达，那么最终幼猴的行为就是正常的。如果缺乏母猴照料，母性抑制作用就无法体现出来，这种特定的基因就会被激活，进而产生一些副作用，比如影响血清素的代谢，结果就会导致其社会行为失常。

这个研究以及其他类似研究中的关键信息是，后天经历直接影响了基因如何表达甚至是否能得到表达。如果本身已经带有某种不健康的基因，加上缺乏适当的照料，这种基因就会激活。

对父母而言，这些研究透露出的至关重要的一点是，基因决定了大脑在通常情况下都能正常、健康地发育。比如，大量神经联结的形成可以使孩子敞开胸怀接受爱，积极地与他人交往。因此，父母没有必要为孩子提供过多的感官刺激。孩子需要的是与照顾者进行良好、积极的互动，这样他们的大脑才能更好地发育。这种互动也能使发育中的大脑具备一种自我调节功能，而这种功能是安全型依恋关系的重要特征之一。

依恋、经历与成长

长期以来，人们对依恋和神经科学的研究一直是相互独立的，从来没有人把它们的研究结果结合起来，对人类进行整体分析。对哺乳动物，例如灵长类动物（猴、黑猩猩）以及鼠的研究证实了母婴经历的存在及其对生长发育的影响。如果把这种发现与认知神经科学对动物和人类的依恋研究结合起来，人们就会得出一个关于人类成长的令人振奋的发现。这个发现表明，婴儿和儿童与照顾者之间的依恋形成了一种特定的经历，这种经历决定了依恋 ABC 特征的逻辑顺序：调和、平衡和一致。

调和是指父母与孩子的心理状态达到某种一致。要做到这一点，往往需要借助非语言信息的交流。当两个人进行非语言信息的交流时，他们需要在他们的右脑之间建立起一种联结，这样就可以产生非语言方面的共鸣。

平衡是指父母与孩子之间的协调交流能使孩子尚未发育成熟的大脑具备一种调节功能。在此过程中，适时沟通给孩子提供了一种外在的与他人的联结，能让孩子调节他们内在的生理状态以达到平衡。这些调节包括睡眠周期、应对压力的方法、心率、消化以及呼吸等方面。发展神经科学家迈伦·霍夫把这种过程称为“隐形调节”，他认为通过这种调节，母亲的抚养能使孩子实现基本的生理平衡。

一致是父母主导的生理调节实现平衡后的一些结果，具体表现为大脑能够灵活而稳定地适应外在环境的变化。一个协调性良好、调节功能正常的大脑能使人的心理状态保持平稳、一致，对外界具有适应性。研究发现，安全型依恋能使人的心理状态趋于平稳、一致，而不安全型依恋则会产生各种各样不一致的心理状态。

不一致的心理状态在极端的儿童虐待和忽视中比较常见。最近关于儿童虐待和忽视的研究表明，虐待对儿童的大脑具有毁灭性的破坏作用，会造成大脑体积偏小，胼胝体生长缓慢，小脑中的GABA纤维受损。出现这些损害的原因可能是，造成这些孩子心灵创伤的经历导致了他们体内应激激素的过多释放。这种激素具有毒性，会影响神经元的生长，并能杀死健康细胞。

综观这些研究结果，我们不难得出这样一个推论：有什么样的父母就会有什么样的经历模式。毫无疑问，先天会受后天影响：后天经历中父母与孩子的互动方式能为孩子大脑的正常发育打下基础，进而对孩子的心理成长产生积极的效应，而这又将成为安全型依恋在代际传递中的坚实根基。

‖依恋研究‖

依恋研究有着久远而丰富的历史。约翰·鲍尔比是一位英裔内科医生兼精神分析师，他认为，孩子与父母的生活经历对孩子的内在幸福感起着非常重要的作用，这种幸福感也被称为“安全基地”。鲍尔比的观点影响了医院和孤儿院对孩子的照料方式，促使后者取消了以往的交替照顾模式，而给孩子指派一位“主要照顾者”，这样照顾者才能很好地了解孩子，和孩子形成依恋关系。

玛利·爱因斯威斯是一位加拿大研究心理学家，也是鲍尔比的同事。爱因斯威斯的突破性贡献在于提出了依恋的3种类型：安全型、回避型、不安全焦虑—反抗型。她设计了一个名为“婴儿陌生情景”的测量方法，它是测试1岁孩子与其照顾者之间依恋关系的黄金准则。在实验情景里，一个孩子被带到一个房间，房间里有一些玩具、一个陌生人和一个双向镜，镜子用来让人们观察房间内发生的事情。在实验的过程中，先是把孩子留在房间里和陌生人待在一起，接着他的妈妈返回，然后妈妈和陌生人都离开3分钟，最后妈妈又回来。在此过程中，由专业人士对妈妈返回时孩子与妈妈的互动行为进行评测。在实验中，最有用的资料是妈妈返回时孩子的“重聚行为”。

在短暂的分离中，安全型依恋的孩子可能会显得烦躁，但是在妈妈返回时他们会寻求亲近，并且很快就能得到抚慰，然后又回到玩耍和探索中。回避型依恋的孩子表现为好像妈妈从没离开过房间，仍旧拿着玩具玩，对妈妈的返回视而不见。他们的外在行为好像在说：“我过去和妈妈没有过什么有效互动，她的离开与我又有什么关系呢？”然而，对他们进行的生理压力测试表明，他们其实注意到了妈妈回来。焦虑—反抗型依恋的孩子在妈妈回来后，会急切地寻求亲近，但是他们不容易感受到抚慰，也不能很容易地重新回到玩耍中。他们一直缠着妈妈，似乎对她的抚慰和保护能力充满了怀疑。

一般而言，对孩子发出的信号比较敏感的父母能让孩子安全地依恋自己，粗心或经常拒绝孩子的父母会使孩子形成回避型依恋，而不容易接近或有侵犯性的父母则使孩子形成焦虑—反抗型依恋。

阿兰·斯洛夫和他来自明尼苏达州的同事所做的研究同样有令人兴奋的发现，即根据孩子早期的依恋特征，人们能够预测出孩子以后的成长状况。他们创造性地运用了一些方法，比如把孩子带到教室或者让其参加夏令营，以观察孩子如何与他人交流、同伴如何对待他们以及他们如何与家庭以外的成人交流。长期、稳定的依恋关系与孩子成长的很多方面都有重大关系：安全型依恋的孩子长大后会具有领导力，回避型依恋的孩子以后可能会遭到同伴的冷落，矛盾型依恋的孩子长大后心里则会充满焦虑和不确定，而紊乱型依恋的孩子在日后与他人的交往以及情绪调节上都会出现很大的障碍。

玛丽·梅因和她任教于加利福尼亚大学的同事贝克勒，也对依恋研究做出了大量贡献。他们在爱因斯威斯的研究基础上定义了第 4 种依恋类型：紊乱型依恋。在“婴儿陌生情景”测试里，这些孩子在妈妈再次回来时，行为上表现出了混乱和迷惘。梅因和她的同事兼丈夫埃里克·赫西提出，父母令人惊恐或迷惘的行为会引起孩子心理上的惊恐状态，或者导致孩子产生“无法驱除的惧怕”。这种心理状态是孩子出现异常和烦躁反应的现实来源。梅因及其同事的研究也让我们对依恋的理解延伸到了成人的依恋心理状态层面，让我们深深地认识到为什么父母对孩子做出的行为不同，就会导致孩子不同的依恋类型。事实上，梅因以及她的大量研究成果表明，成人的依恋心理状态是孩子依恋状态最有力的预测工具。

Parenting from the Inside Out

06 如何解读生活

成人的依恋模式

孩子是父母生命中最重要的篇章之一。每一代人的成长都会受到上一代人的影响，同时又影响着他们的后代。即使我们的父母已经做到了最好，但由于他们的成长环境和我们不同，我们也不会从父母那里获得多少有用的经验，更不用说再把这些经验传递给我们的孩子了。

与家人或其他人建立的积极关系能为我们提供强大的适应能力，这有助于我们在生活的艰难时期抵御风雨。幸运的是，即使我们当中那些有着不幸童年的人，也在他们的童年时期建立了积极的关系。正是这种关系，为我们度过早年的不幸提供了力量源泉。

我们注定不会重复父母的生活，也不会重复我们的过去。解读生活能够使我们依赖已有的积极经验超越过去的局限，为自己和孩子创造新的生活，并且帮助孩子建立一种良好的关系。这种关系有助于提升孩子的幸福感，帮助孩子建立内在的安全感、适应能力以及与他人相处的能力，而这能使孩子在将来与他人建立深厚的、相互关怀的社会关系。

我们如何理解生活，如何描述早期的生活经历，从中能够反映出我们的孩子将来会以什么样的方式依恋我们。对自身生活认识得很清楚的父母很容易和孩子形成良好的依恋关系，并能让孩子安全地依恋自己。因此，为孩子建立一种安全的依恋关系，能够为孩子的健康成长打下坚实的基础。

如何解读生活

思考一下你的童年经历能够帮助你理解生活。但是童年已经不能更改，这种思考还有用吗？深层的自我思考能够改变你自己。这种思考不仅能使你更加全面地了解他人，而且给你提供了一种可能性，让你重新选择自己的行为方式，并且获得更加丰富的人生经历。这些改变伴随着自我理解，并且影响着你和孩子的相处方式以及沟通方式，而这些最终将促成孩子对你的安全型依恋。

随着不断的成长，我们的生活经历会随之发生变化。通过过去、现在和将来的生活阅历的积累，我们能够更清晰地认识自我。同时，这种对自我不断认识的过程，与成人安全型依恋的形成有着密切关系。此外，依恋状态在成长的过程中是有可能改变的。研究表明，一个人能从不安全的童年依恋转变到安全的成年依恋状态。这些研究证实了获得性安全状态的存在。这种状态对于清晰地认识自我和改变自我非常重要。

成年后形成安全型依恋的人也许在童年时期和父母的关系存在问题，但是成人后，他们最终理解了自己的童年经历以及这些经历对他们成长的影响。不管是人际的还是治疗性的关系，似乎都能帮助人在心智上由不健全转变为健全。这种关系有助于我们治愈旧伤，将和他人的关系从疏离转向亲密。而成长就是借助这些关系得以完成的。

这里有一个故事，讲述的是一位母亲的童年经历以及这些经历如何影响了她和4岁儿子形成安全的依恋关系。

> 我的父母都很在乎我，但是我的父亲有躁狂抑郁倾向，这使我的成长不是很顺利。为此，母亲特别注意父亲的情绪波动是否吓到了我。她很在乎我的感受，并尽最大努力让我感到安全。现在想起来，我才意识到父亲是如何影响了我的成长，这种影响甚至持续到我20岁的时候。
>
> 我的孩子出生后，父亲的病情得到了有效的治疗。但直到现在，我才意识到父亲的病情给我和儿子带来了一定影响。刚开始，一旦孩子吵闹，我总是手足无措。因为当有人情绪不稳时，我就会感到恐惧。我认真地分析了自己，结果发现我与孩子相处时对孩子的照料不够细心。而现在，我成了一位很好的母亲，甚至我和父亲的关系都变好了。

这位母亲在成长的过程中遇到了困难，但她对这些不幸经历做了仔细分析。她认识到，童年时她和父母的关系（包括正反两方面的关系）不仅对她自身的成长，而且对她作为母亲的角色产生了影响。她对生活经历的不断反思，对自己和家人产生了积极作用。对她的孩子来说，这是非常幸运的，因为她不仅为作为成人的自己赢得了安全，而且在对孩子的抚养上也找到了恰当的方式。这种方式不仅让孩子感受到了自己生命力的存在，而且也有助于他与外界建立联系。

成人依恋

每个人都有依赖他人的心理，这可以从一个人如何描述他的生活经历看出。我们与他人的关系常常受到这种心理的影响。研究发现，父母和孩子的相处以及交流方式与这种心理有一定关联，即孩子会因此形成与父母安全（或不安全）的依恋关系。

依恋理论的研究者玛丽·梅因和她的同事认为，父母童年时的一些成长经历对他们将来对待自己孩子的行为方式有着极大影响。他们进行了一项名为“成人依恋访谈”的研究。在访谈中，研究者要求父母回忆他们的童年经历。结果显示，正如父母向采访者叙述的连贯程度所显示的那样，他们对早年生活的理解方式与孩子对自己的依恋有着明显的相关性。表 6-1 说明了孩子和成人之间不同依恋模式的对应关系。

成人依恋可以从父母如何向其他成人描述其生活方式看出，即父母对自身的理解不能从对自己孩子的描述中看出来，而是从成人之间的交流中体现出来。而且，是他们的讲述方式，而不仅仅是内容揭示了他们的依恋心理特征。正如表 6-1 所显示的，对生活经历的叙述方式与孩子对父母的依恋类型存在密切关系。长期的研究进一步表明，成人的叙述方式与他们在童年时期的依恋类型也具有一定的对应关系。

表 6-1　　孩子和成人不同依恋模式的对应关系

孩　子	成　人
安全型依恋	安全型依恋
回避型依恋	拒绝型依恋
矛盾型依恋	专注型或纠结型依恋
紊乱型依恋	情感缺失型依恋

当你看到这些不同的依恋类型时，重要的不是把你自己归到哪一类。出现不同的依恋类型很正常，因为父母不同，孩子自然会形成不同的依恋模式。我们要做的是依据这些不同的依恋类型所透露出来的信息，加深对自我的理解和认识，这样才能促成孩子形成安全型依恋。

‖安全型成人依恋‖

当孩子安全地依恋父母时，他们能够在父母身上发现一种自主的心理状态。

在这种情况下，讲述依恋的相关话题，父母的描述会表现出有用性、适应性以及客观性等特征。这些父母把他们的过去、现在以及可预期的未来连贯地讲述出来，这种一致性反映了人们对自己生活经历的分析和认识。一项从婴儿到成人的最新跟踪研究表明，只有被研究者在儿时与父母具有安全的依恋关系，他们在成年后才能具有这种连贯性的生活描述。

就“获得性安全成人依恋”而言，虽然这种描述也具有一定的连贯性，但是这种依恋关系在儿时曾出现过问题。获得性安全依恋的具体表现是：一个人在成年后对他的早期生活重新有了清晰而全面的认识。前面那位母亲的故事就是这样的例子。

‖拒绝型成人依恋‖

早期生活中与父母缺乏情感交流的成人，其身上可能出现拒绝型依恋的情况。当自己成为父母后，孩子和他们的关系常常会出现回避型依恋的特征。这些父母似乎对孩子的反应不够敏感，他们的内心世界好像独立于外界，比如不会与孩子亲密拥抱，甚至对于自身的情感信号也不予理睬。他们对自己生活的描述反映了这种隔阂，而且常常坚称想不起来自己的童年经历了。他们好像感受不到他人的存在，也感受不到过去的经历对于自我成长的影响。

有种看法是，这类人在生活中，特别是在与他人的交往中，大多数时候是以左脑思维模式处理事情的。尽管这种处事方式极大地弱化了人际关系的重要性，但是大量研究指出，这种依恋类型的孩子和父母的互动表明他们在潜意识里仍然很看重生命中的其他人。

一位回避型依恋孩子的母亲对于自己的童年经历做出了如下反思：

我的父母都生活在家中（而不是常年在外），他们创造了一个非常适合孩子成长的家庭环境。我和兄弟姐妹参加了很多活动，

> 我因此获得了很多丰富的经历，这是任何一个来自良好家庭的孩子都期待的。在家庭教育方面，父母常常告诉我们什么是对的，什么是错的，并教导我们如何才能取得成功。父母是如何做这些的，我记得不是很清楚，但是我的童年很有规律，从这层意义上来说，我的童年是完整的。我的童年生活很好。

注意，尽管这位母亲能够条理清晰、逻辑一致地讲述她的生活，并用了一个概括性的描述——“我的童年生活很好”，但是她并没有从回忆中拿出更多的细节来更充分、更连贯地证明她的表述。

连贯的描述应该是一种更全面的发自内心的反思过程。举个例子，“在家庭教育方面，父母常常告诉我们什么是对的，什么是错的，并教导我们如何才能取得成功”，她这种描述并没有体现出一种个人成长的亲历式感受。

一个连贯的描述应该包含这样的反思：“我的妈妈确实很努力地教导我什么是对的，什么是错的，但我不是很听她的话，常常惹她生气。记得有一天，我摘掉了邻居家的花，然后做成一束花送给她。她告诉我虽然这种想法很好，但是没有经过允许拿别人家的东西是不对的。当我不得不把花插在花盆里送回去并向邻居道歉时，我心里非常难过。”而这位母亲的反思弱化了人的情感脆弱性以及对他人的依赖性。她讲的故事里很多用语都是单方面的对她个人看法的描述，没有出现把回忆、情感以及相关性连接起来的感受，也缺乏衔接过去和现在并可能影响未来的一个整体感受。

专注型成人依恋

那些小时候所受照料变化无常或者对照料过度依赖和敏感的人，他们成人后常常对依恋有种专注的态度，内心总是充满了焦虑、不确定性和矛盾。这种专注的照料状态，有可能妨碍父母感受孩子发出的信号或者准确地领会孩子的需求。这些父母对他人缺乏信任，怀着怀疑和恐惧，因此常常感到内心压抑。在他们对自己生活的描述里，总是充满了小故事，这说明他们的过去存在问题，而且到现在还没有解决，这也使得正在进行的描述偏离正题。受这些遗留问题的干扰，他们的注意力会分散，灵活应对的能力也会削弱。在分析过去的生活时，由于这些遗留问题而出现的不连贯，也许可以看作右脑思维模式向左脑思维模式转化的一种体现。

一位父亲对他的童年经历做出了如下描述：

> 我的童年经历？才不是这些！以前我和两个哥哥很亲密，那时候我们在一起玩得很快乐。有时候我的两个哥哥很调皮，我也是，但这不是问题，可我的母亲认为这是问题。甚至上个周末，好像是母亲节，她说我对孩子太粗鲁了。但是当我们还是孩子时，她从来不责骂我的两个哥哥。她容忍两个哥哥抢我的东西，但是从不说他们一句。被忽略的一直是我。但我不在乎，这不会伤害到我。也许会，但是我不会再让这种事发生。我应该这样做吗？

从这位父亲的描述中我们可以看出，发生在过去的一些事情极大地影响了他连贯、清晰地反思自己的生活。他把过去发生的事掺入最近的一个周末，又回到他的童年，然后又回到现在。他现在还沉浸在童年不愉快的经历之中。这种心理包袱将会妨碍他和自己的孩子之间建立良好的关系。比如，如果他因为儿子把注意力集中在妈妈身上而感到被冷落的话，他心里一定会觉得不公平，这就和童年时母亲对两个哥哥的偏爱给他带来的感受一样。如果这位父亲不能够清晰地认识和解决这些问题，那么他很有可能在和孩子情感交流时发生障碍。

情感缺失型成人依恋

这类父母的孩子的依恋类型，准确点说是紊乱型依恋，往往与父母未抚平的精神创伤或情感缺失有关。这类父母的情绪变化无常，因此常常吓到孩子，让孩子感到惊慌失措。这方面的例子有很多，比如孩子稍有哭泣，他们就会勃然大怒；

孩子如果一边大声哼唱一边蹦跳着跑过门厅，他们就会呵斥孩子；而当孩子睡觉前要他们再多讲一个故事时，他们甚至可能会打骂孩子。

那么这些未抚平的精神创伤到底是什么呢？为什么会让父母做出使孩子感到惊恐和失措的行为？未抚平的精神创伤导致的心理状态不但会阻碍大脑信息的流动，还会破坏一个人获得情感平衡、维持与他人之间的关系的能力。这种损害称为“调节紊乱”。个人内部或者人与人之间都会在信息和能量流动方面发生异常变化。比如情绪容易陷入低谷，感情毫无征兆地发生变化，对事物的看法会因一些突发事件而带有感情色彩。要对这些异常变化做出恰当反应并非易事。

这种内在的情绪变化会直接影响父母与孩子的互动，因为父母未抚平的精神创伤引起的情绪突变会让孩子陷入惊恐。若父母不但没能和孩子进行适当的交流，反而做出了可怕的行为，那就极有可能导致孩子产生“不能消除的恐惧”。这样，孩子在成长中会缺少一些积极行为的引导，反而遭遇一些非常消极的经历。

那么，这种调节紊乱的内在情绪变化是如何在成人的自我反思中体现出来的？也许是在这样一个时刻，当一个人谈论他的精神创伤或情感缺失时，他会突然变得惊慌失措。人们认为，在一般情形下本是一个连贯的叙述，但若在谈论中出现短暂的记忆丧失，那么就体现了这样一个基本事实，即谈论中所提到的精神问题还没有得到解决。一个紊乱型依恋的孩子极有可能陷入混乱状态，而这正是他那拥有一团糟的过去的父母遗传给他的。

以下是一位母亲对于她的童年是否受过恫吓这个问题的反思：

我不认为我小时候受到过恫吓，这倒不是说我没有感到过恐惧。我的父亲有时候喝醉酒回家，而我的母亲最爱发牢骚。她总是强迫我去信任她，但是父亲的醉酒才是她要指责的，因为这让她变得暴躁不安。她一直想变得漂亮一点，但是她好像被魔鬼附了身。她会突然沉下脸来，让你永远不知道该信任谁。她看起来让人捉摸不透，好像把自己封闭在了一个狭小的空间里，有时候她很狂躁、很吓人，整个脸都变得扭曲，而且眼神看起来咄咄逼人。有时她还会哭上好几天。我现在眼前似乎还能看见她刚刚哭过的脸。这一切都让我心烦意乱。

当这位母亲还是孩子时，她的妈妈一生气或伤心，她就不得不承受这种脸色突变带来的后果。因此，她在成长的过程中一直有一种烦躁的情绪。这种心理变化过程也许与镜像神经元系统有关，它会使我们产生一种情绪状态，这种状态和我们在他人身上感觉到的相似。这位母亲做出的令人惊慌的行为，会使孩子产生混乱的心理状态，形成孩子的紊乱型依恋。最终，这个孩子可能由于镜像神经元和“不能消除的恐惧”的共同作用，使自己陷入混乱的内在心理状态。

未抚平的精神创伤会破坏内在心理活动的正常运行，也会破坏正常的人际沟通。从一个人对他的生活经历的描述中，我们能够看出其精神创伤是否得到了治愈，同时能够看到这个人在心理有创伤或情感缺失时会失去灵活应对的能力。

在前面的例子中可以看到，他们左脑思维和右脑思维的协调能力受到了很大损害，在反思他们的生活或讨论那些尚未解决的精神问题时，他们的思维会陷入混乱状态。当亲历式回忆逐渐浮现时，他们的左脑中总是充满了未经处理的景象和错误的感受。此时，他们并没有对于过往经历如何影响现在的清晰感受，而是被这种突如其来的紊乱的思维活动带回到混乱的过去。

与精神创伤有关的情感反应、镜像神经元的一组恢复活动以及左右脑协调能力的损伤，都有可能导致这种内在的心理调节异常，而这又使人们不能连续地描述过去的生活，并且在人际交往中遭遇困难。

成人依恋反思

“父母自我反思 12 问”中的问题有助于我们回顾自己的童年经历，加深对自我的理解。灵活地运用这些问题，回想一些过去的生活经历，有助于唤醒我们的记忆。在回答这些问题时，我们的脑海中会浮现出一些景象，内心也会出现一些感受。有时候我们会对某些回忆不确定，或者为某段回忆感到羞耻。对于这些回忆，我们会在语言上修饰一番，使它们不那么难看。也许我们每一个人都有灵魂，在心理上都有一种防御性的适应模式，这不但使我们远离了自己的真实情感，也阻碍了我们真切地感受他人。

刚开始的时候，我们或许很难用语言表达这些景象或者感受，这很正常。因为组织语言和有意识地表达想法由左脑控制，而过去的回忆、原始的情感、身体上的感受以及景象都要由右脑进行非语言上的处理。在非语言信息向语言信息转化的过程中，尤其是当亲历式回忆与感情相关、发自内心且比较沉重时，我们就会感到紧张。而且有时候，情感上的痛苦回忆会让我们变得异常脆弱和敏感。然而，如果不能正确地看待这些回忆，我们的成长过程就会变得不连贯；但如果最终接受了它，就等于接受了自我，同时也会感到人情的温暖。要健康而顺利地成长，我们需要在生活中不断地把过去的经历和现在正在发生的事情联系起来。

试着用新的方式讲述你的生活，就会有变化发生，也会让你在不断的成长中更深刻地了解自己。在自我反思中，你可以发现谁值得信赖，谁愿意聆听你生活中的点点滴滴。我们都是社会化的生物，我们的讲述本身与外界没有关系。只有与亲密的人分享这些经历，我们才能加深对自我的理解。

Parenting from the Inside Out 父母自我反思12问

1. 你怎么看待成长？你家里都有哪些家庭成员？

2. 童年时你和父母相处得怎么样？从少年到成年，一直到现在，你和父母的关系是如何变化的？

3. 你和母亲与你和父亲的关系有什么不同？它们有什么相似的地方？在和父母的相处上，你有什么喜欢或讨厌的地方？

4. 你是否被父母拒绝过？是否受到过父母的惊吓？是否还有一些其他经历让你感到难以承受或者精神上受到了创伤？它们对你以后的生活有没有影响？

5. 小时候父母是如何教育你的？这对你的童年有什么影响？对你现在为人父母有什么影响？

6. 你能记起很小的时候和父母分离时的感觉吗？这种感觉怎么样？你是否和父母有过长期的分离？

7. 在童年或者长大以后的生活中，你的生命中是否有重要的人过世了？当时你的感受如何？这对你现在的生活有什么影响？

8. 当你高兴或兴奋的时候，你的父母有什么反应？当你烦恼或不快乐的时候，他们的反应又是怎样的？

9. 小时候是否还有其他人照顾过你？他们照顾得怎么样？有没有发生过什么事情？你是否愿意让其他人照顾你的孩子？

10. 小时候你遇到过困难吗？当时你有没有依靠你和父母或其他人建立的关系走出困境？这些关系对你有什么帮助？

11. 童年经历对你有什么影响？你是否因为童年的一些经历而特别讨厌某种行为？你是否想改变某些行为习惯，但遇到了困难？

12. 你认为童年经历对你成年后的生活有什么影响？在和他人的相处以及对自己的认识上，你最想改变的是什么？

成长之路

当回顾你和父母的依恋关系时，你也许会发现其中有些方面有助于你理解早期的家庭生活对你的成长造成的影响。研究证明，获得安全依恋型是非常有可能的。只要我们从认识自我做起，就能一步步地改善我们与他人的关系。朝着安全型依恋关系的建立不断努力，能让你和孩子的生活更加充实、丰富。

回避与拒绝的心态

那些在成长的过程中感受不到情感呵护或者缺乏精心照料的人，他们似乎适应了冷淡的人际交往和情感交流。在这种情况下，孩子尽可能地降低对照顾者的情感依赖，随着这种适应性持续下去，不仅是孩子和父母的关系，孩子和其他人的关系也会变得越来越冷淡。他们略显封闭的心理状态，很有可能降低他们与他人发生情感交流的积极性。除此之外，这种状态也会妨碍他们对自己内心的感受和认识。人们认为，这种回避性心理状态是他们为了防止内心变得脆弱，其不断弱化的右脑思维方式逐渐被左脑思维方式替代的一种适应性体现。

依照这种看法，我们可以推测出这类人右脑思维和左脑思维的协调程度非常低，这可以从他们对自己早期生活经历的描述中体现出来。他们常常坚称回想不起早年生活的具体经历。在与身边人的相处上，他们也给人一种很独立的感觉，让人感到冷漠，并且在情感上难以接近。这种成长过程在童年时也许是一种“健康”的、必要的适应性体现，但最终会给他们与配偶以及孩子之间的关系带来阻碍。

要改变这种不正确的适应性，就要提升左右大脑思维的协调性。这类人右脑思维发育不健全，他们对内心世界的感知能力差，自我意识薄弱，对他人发出的非语言信息难以觉察。他们的自我反思能力也很有限，因为他们经常使用逻辑性的、非亲历式的左脑思维。因此，激发他们的右脑思维也是有必要的。

研究发现，在谈到与依恋相关的话题时，与他们在口头上贬低依恋的重要性有所不同，他们在生理上会出现一定的反应。这表明虽然他们在行为和外在态度上不太注重情感交流，但他们的思维（或潜意识）仍然反映出了对人际交往的重视。换句话说，尽管这类人在成长的过程中降低了对人类情感的依赖程度，但他们先天的依恋系统仍然是完整的。他们为了适应家庭生活中的缺陷，不自觉地弱化了人际关系，这种家庭环境很难激发他们右脑思维的形成。因此，找到一种全面激发精神生活的方法，对激发大脑思维中人际交往的潜意识以及形成内在思维的协调性都至关重要。“引导意象法”能增强对肢体发出的非语言信息的感受能力，模拟右脑活动则有助于激发发育不健全的右脑思维。

对于只信奉逻辑思维（左脑略显发达）的人，可以从逻辑角度对他们的情况进行解释：早期情感疏离的家庭环境导致他们的左脑过于发达，以致在适应性成长中占据了主导地位。这也有助于我们接受脑科学的最新发现，即新的神经细胞，尤其是具有协调功能的神经细胞会在我们的成长过程中重新生长出来。有了这种相对中立的、易被人接受的看法，我们就可以着手提升同等重要但发育欠佳的这一侧思维的协调性，同时，“成长之门”也会打开。

‖矛盾和专注的心态‖

在父母不常在家的家庭里会出现另外一种适应情况，这种适应会使孩子产生对他人是否值得信赖的担忧。父母无规律的照料或在照料中打扰到孩子，会使孩子产生矛盾和不确定的心理。这种矛盾心理的孩子也许很重视人与人之间的交往，但在现实中他却迫使他人远离自己，也给自己形成一种心理暗示，即他人确实是不可靠的。

在适应性成长的过程中，他们的自我抚慰心理既矛盾又专注，因此形成了自己的抚慰方法，比如自言自语、一个人玩耍，或者只和跟自己非常亲密的人接触。从某方面来说，这种适应是右脑思维能力极度欠缺的体现，因为自我抚慰活动主要由右脑进行。这种自我模式不能确保他们在成长中的需求得到满足，也不能让他们确信和他人交往是可靠和必需的。另外，这种自我怀疑常常伴随着无意识的羞愧感，他们总认为自己是有缺陷的，不够完美。这种羞愧感在各种不安全依附模式中都存在，表现形式也不尽相同。

弄明白这种羞愧感是如何形成的，能够帮助我们跨越和他人进行交往时因这种情感反应所产生的心理鸿沟。也许每个人的内心都建立了一种心理防御层，这种防御层能保护我们免受焦虑、自我怀疑、情感创伤这些负面情绪的影响。然而不幸的是，这种防御层也妨碍了我们去感知这些内隐情感会如何影响我们与孩子的相处。有时我们会把一些无益的自我感受强加到孩子身上，比如在孩子感到无助和脆弱时，我们却对他发怒。从这点上来说，虽然防御层在早年对我们有保护作用，但它同时妨碍了我们理解自己的内心，影响了我们对孩子的照料。

揭开这种防御层对理解我们的生活至关重要。在采用其他方法消除心理上的不适之前，做一些放松活动排解焦虑和疑惑，是一个非常重要的前提步骤。由于父母的照料毫无规律又有干扰性，我们自我抚慰能力的形成过程往往会受到外界环境的影响。“自言自语”是自我照料的一个非常有效的方法。用明朗的语调跟自己说话，比如“现在我还不是很确定，但我会尽力去做，问题总会解决的”，或者“她说的话让我感到担忧，但是我会直接问她，弄明白她的意思”，这些都是用左脑思维的语言逻辑来排解右脑思维所产生的心理焦虑的例子。

虽然心理防御层可以掩饰人们的羞愧感，但对有这种心理的人来说，必须让他们明白“自我是有缺陷的”只是孩子的看法，与有无父母照料没有必然联系。要认识到“我很讨人喜欢”这种自我暗示非常重要，它能驱除“没人关心我”或者“我不讨人喜欢”这些内心想法。找到一定的方法让右脑学会自我抚慰，对改善这种适应性成长非常关键。在你还是孩子时，你可以给自己提供父母没能给你的心理抚慰。从很大程度上来说，这就是从自我省思中教育子女。

Parenting from the Inside Out 教养笔记

◎"自言自语"是自我照料的一个有效方式。用明朗的语调跟自己说话，就是用左脑思维的语言逻辑来排解右脑思维所产生的心理焦虑，找到方法让右脑学会自我抚慰。

紊乱和情感缺失

对在父母经常发怒的家庭中长大的人来说，他们的内心容易出现紊乱状态。他们心理上的距离感使得自己与他人的关系变得疏离，并且思维不切实际，混乱不堪。除此之外，紊乱的适应模式还表现在与人交往时，由于心理沉重而表现得冷漠，或者情绪状态不稳定。残留的情感创伤会产生破碎的心理感受，比如内心出现疏离感。当与他人的关系疏远时，这些情绪会变得更强烈、更频繁，心理上也更混乱，同时也使父母和孩子关系的修复变得更困难。找到方法解决这种不健康的精神状态，能够同时解决父母和孩子的心理问题。

悬而未决的问题反映出人的思维缺乏一种能力，这种能力在思考和解决问题时，可以把各种回忆、情感以及身体感受自然而灵活地协调起来。人们可以把这种能力的损害看作心理上的一种刻板或混乱的状态，这常常发生在与他人交往有障碍或者有很多沉重的情感经历的父母身上。当我们着手解决这些问题时，过度刻板和混乱的极端心理状态才能被调整过来，心理上才能感受到自由。

即使对童年的记忆很模糊，我们仍然可以分析和解读它们对我们现在生活的影响。由于这种分析是把过去和现在结合起来进行反思，因此通过分析，我们的感受能力和创造未来生活的能力都能得到很大的提高。虽然这种分析主要依赖于我们自己，但别人的参与将有助于我们的情感创伤治愈之旅。

是否能够抚平这些情感创伤，取决于我们是否有能力面对和接受过去那些难以承受的情感记忆。其中最艰难的一步是，要勇于承认一些严重的、令人惧怕但又确实存在的问题。当我们做好充分的准备去接受挑战，找出问题的症结所在时，就意味着我们踏上了治愈和成长之旅，并且终将成为理想中的父母。

反思练习

1 思考一下“父母自我反思 12 问”中的问题。你发现了什么？你是不是希望父母对儿时的你采用另外一种照料方式？父母早年对你的照料方式如何影响你和孩子的相处？

2 你认为一个好妈妈（好爸爸）应该是什么样子的？你的父母做到了多少？你自己又做到了多少？

3 重读一下前文中关于成人依恋、孩子和父母依恋类型的内容，思考以下问题：你和父母的相处如何影响你与他人的交往？对你的婚姻关系有什么影响？对你和孩子以及与其他人的相处又有什么影响呢？

4 在反思的过程中，你有没有发现什么特殊的遗留问题还没有解决？这些问题如何影响你与孩子的相处？

科学聚焦

Parenting from the Inside Out

成人依恋访谈

为了弄清楚在不同的婴幼儿依恋模式中，父母的行为为何差异巨大，玛丽·梅因及其同事发明了一个重要的研究工具——成人依恋访谈（AAI）。在这个访谈中，研究人员首先假设父母儿时被抚养的经历对他们与孩子的相处有着直接影响。研究人员给那些比较了解自己孩子的依恋状态的父母设置了一些问题，从中选取最有相关性的话题，使其成为一个正式的访谈，然后请父母回忆自己的童年经历。他们发现，依据这个访谈结果可以推测出受访者与孩子的依恋类型。在接下来的研究中，研究人员对结婚刚满一年的新婚夫妇进行访谈，并对他们将来出生的孩子的依恋类型做出预测。结果其准确性还是相当高的。AAI 清楚地表明了父母具有某些鲜明的心理和行为特征，这些特征对他们与孩子的相处有直接影响。

AAI 大约包含 20 个问题，这些问题要求受访者回忆他们的亲身经历。研究者埃里克·赫西认为这种访谈主要包括两个方面：内在的回忆和外在的讨论。首先，受访者的回答会被录音，然后整理成文字材料，最后由经过训练的 AAI 研究人员对文字材料进行分析，并且对受访者对自身童年经历的讲述做出评估。

分析过程中最重要的一点是“文字材料的连贯性”，这也是基于受访者如何描述他们早年生活经历的一种衡量方法，即在分析中，由研究人员衡量受访者讲述的连贯性。如果受访者没有列出具体事实支持他的叙述，或者讲得太少，或者讲得太多，但是与话题无关，抑或在回答某个问题时语无伦次，这些情形都被视为“不正常现象”，并且这些现象能够被定量分析和解释。通过对这些讲述进行仔细的定量分析，就可以对受访者做出一个粗略分析，然后对其进行分类——“自由的 / 自主的”“拒绝的”“专注的 / 纠缠的”，以及“残留的 / 紊乱的”。正如我们所看到的，AAI 分类法是一个能够对孩子和父母的依恋类型做出预测的强有力的工具。

AAI 研究令人兴奋的一点是，在“获得性安全”依恋中虽然有些问题比较严重，但是人们最终认识并理解了他们的生活，最后能对其做出连贯的描述。阿兰·斯洛夫已经证实，那些最终对自己的生活有了清醒认识的人能够和别人建立积极的关系，这种关系能为他们提供强大的承受能力。这些发现更加证实了这样一个观点：依恋关系是可以改变的，也是不断发展的。

‖成人依恋的心理状态‖

依恋研究使用“依恋心理状态”这个词组描述成人的依恋类型。了解一些成人的心理特征有助于我们理解成人的依恋心理状态。

- 尽管在生活中我们也许会出现多种依恋表征，但是 AAI 研究只为我们呈现出了一种依恋状态分类。这是因为进入青春期后，我们各方面的经历和状态会逐渐稳定下来——这大概是受到了与最主要依恋表征相关的依恋关系的影响。

- 人们认为心理状态是一种调节过程，通过它我们可以调整自己的心态、处世方法以及心理定势。心理定势能够作为我们知觉的过滤器，调整我们的情绪反应，并直接影响我们的行为。这种调节过程带有特定的目的，具有任何常见心理状态和心智模式的特征，而那些与依恋相关的调节可能作用时间长且持久。

- 从脑科学角度来看，这种神经元信号的发送模式已经“根深蒂固”。在这种模式下，过去的经历和适应（由对这种模式的回应而产生）能够产生突触联结，并且此种联结会一直保存在记忆中。在依恋状态下，这种调节模式和内隐记忆发生了重叠：它根植于我们的早年生活，在没有受到刺激，比如回忆某件事时也能被激活，并直接影响着我们的知觉、情感、行为以及身体感受。这种固有的心理调节模式就是约翰·鲍尔比所谓的依恋“内在运作模式”的核心所在。

依恋转变会涉及心理状态的改变。大脑能够通过学习（伴随着新经验的产生）改变突触联结。大脑也能够长出新的神经元，尤其是在具有协调功能的区域，这些区域内的脑组织可以调节各种情绪和心态。我们也可以这样说，对自我的全新认识（这种认识基于神经协调功能的新变化）和新的人际相处经验（能使人的沟通和相处产生新形式），两者共同作用可以使人的依恋心理状态朝着成人安全依恋的方向发展。要勇于接受这些变化，不仅需要重新认识自我，还需要人们在主观上有运用新方式把上述各方面联系起来的意愿。

情感、记忆与依恋的关系

在AAI中，有“拒绝”依恋心理的人对自己的早年家庭生活很少有细节回忆，这个发现提出了关于情感、记忆和依恋关系的一个有趣话题。在回答AAI问题的过程中，这些成人不断地强调他们无法回忆起自己的童年经历。随后，范尼·伊詹德和他的同事们试图通过研究发现他们可能存在的认知问题，比如记忆缺陷或者智力障碍，也许是这些问题造成了他们回忆的缺失。结果这些研究并没有发现普遍的记忆或智力问题。他们对早年生活各个方面的回忆，比如对当时流行的电视综艺节目的回忆都是完整的。有“拒绝”依恋心理的这一组人与其他组的人一样，智力水平的分布都是正常的。

依恋研究人员也在AAI中寻找遗传因素，包括变量因素的存在，但他们什么也没发现。变量具有智力、性格特点、生活喜恶这些遗传因子，但研究发现它与AAI研究结果没有任何关系。此发现支持了这个假设，即依恋主要是由关系经历而不是遗传形成的。

为什么有“拒绝”依恋心理状态的成人在回忆家庭生活时有困难？这不仅跟正常的婴儿记忆缺失期有关，在回忆童年经历的细节时也会出现这种现象。尽管研究人员不能确定他们是不是没有讲出他们实际上记得的一些事，但在临床上我们知道，这种回忆的缺失表明了回忆提取能力的欠缺。通常来说，回忆能力的损害是由于联结已有回忆的通道受阻，或者是缺乏编码能力。对情感和记忆所做的研究表明，记忆唤起与低水平的外显记忆编码、存储以及随后的提取能力没有什么关系；过度的记忆唤起可能会对外显编码造成损害，并因此阻碍记忆的存储以及随后的提取。最佳的情感唤起有助于记忆处理，这样，以后的提取也会变得更容易。

什么是最佳的情感唤起？从有效控制情绪论的观点来看，这是一种状态，在这种状态下，大脑的评价中心区被激活，以增强神经机能和神经可塑性。最佳的神经机能意味着这些结合区域能够最大程度地协调相关回路处理经历信息。神经可塑性的提高则意味着由评价边缘回路释放的具有神经调节作用的化学物质有利于新突触联结的建立。举个例子，海马是重要的“认知绘图仪”，因为它负责把各神经区输入的信息整合成一个认知整体。因此，最佳的神经调节有利于记忆的协调及整合处理。

神经调节回路能够促进新突触联结的建立。通过释放神经活性物质，可促进新突触的形成所必需的蛋白质的复制。近来，人们假设具有最佳情感的经历与神经调节回路参与记忆编码有关，这些情感经历在日后被回忆起来的可能性也很大。当情感回路在记忆编码中的参与程度比较高的时候，这种记忆单元的“存储力度”更强，以及存储的经历印象也就更深。

记忆有一个很重要的方面是遗忘。如果关于我们经历过的事情的回忆一股脑地涌来，我们反倒会“丧失思维”。我们的思维需要选择性地忘记一些事情。

因此，思维会自动地进行遗忘处理，比如情感上平淡无奇的经历不会被记忆编码，以后这些经历细节也不容易被想起。

人们对有“拒绝”依恋心理的人的看法是，这些人小时候的家庭生活在情感方面平淡无奇，缺少日后容易被回忆起的细节经历。他们的回忆主要集中在电视综艺节目、体育赛事以及与家庭生活有关的一些事实上，而很少有自己的亲历式回忆。

依恋研究表明，孩子与老师的相处方式与他们和父母的相处方式类似。正如我们所讨论的，依恋研究支持了这个观点：依恋是经历的结果，而不是孩子天生的一种特征。这两个研究结果表明，孩子为了应对家庭环境所采用的适应模式，同样会被运用到家庭之外与其他人的关系上。以后孩子与外部环境的交往会加强这种适应模式，并使其长久地存留下来，最终变得根深蒂固。

如果自我理解所需要的神经机制发展受限，那么丰富自己的精神生活的能力就会受到限制，同时与他人的精神世界产生联结的可能性也会非常有限。这对减轻一个人情感上的痛苦或失望时的心理脆弱来说，也许是一种有效的手段，因为右脑的思维处理功能出现了问题。

这些人要获得安全依恋，就需要激活他们未充分使用的大脑机能，或者使其重新发育。要鼓励他们经历一些能使右脑各方面机能协调起来的体验，包括非语言交流、肢体（语言）意识、对他人情感状态的认识、亲历式回忆以及和他人良好的心理沟通等。对他们情感和人际处理能力的恢复给予鼓励，有助于他们学会容忍心理的脆弱以及和信任之人的亲密行为。这些经历最终能够使人的依恋心理状态朝着安全依恋的方向转变。

Parenting from the Inside Out

07 如何控制情绪

可控状态和失控状态

大多数父母都很疼爱孩子，希望能够给他们幸福的童年，但是在处理与孩子之间复杂的关系时，他们却经常感到困扰。父母可能会说："我并不想对孩子大吼大叫，但他们就是惹到我了，我很生气，完全没办法控制自己。"确实，有时候对孩子做出某些凶恶的行为，连父母自己都没有想到。情绪有时候会利用我们。当与子女的关系触动到自己过去没有解决的问题时，父母就应该思考在不协调的表象背后，是什么内在原因在起作用。借此，父母就能够摆脱过去情绪的控制，不再让它影响自己和孩子的关系。

当感到压力或者发现自己和孩子的关系触及自己过去没有解决的问题时，你的思维可能会停顿，不再灵敏。这种不灵敏可能会将你带入一个不同的状态，并直接导致思维变得不清晰，削弱你和孩子之间的情感联系。我们把这种情况称为"低模式进程"。当你处于更低的模式进程时，你就会进入失控状态，你将被诸如恐惧、悲伤或者愤怒的情绪淹没。这些强烈的情绪使你无法进行周密的思考而采取下意识的反应。处于失控状态时，你很难保持一个养育者和孩子之间充满温情的关系和沟通方式。

当思维处于失控状态时，你将会进入一个循环，最终对自己和孩子都感到不满。由于还有尚未解决的问题或者尚未完成的事情，你无力抵抗失控状态，尤其是在充满压力的环境之下。假如你对分离有过不好的经历，那么每天晚上的睡觉时间对你来说都是战场。

刚开始你可能做得很好，照例给孩子讲睡前故事，和孩子聊一聊这一天是怎么过的，拥抱孩子，给孩子晚安吻，帮他掖好被子后起身离开。正当你要走出房门的时候，孩子叫你回去，或者爬起来找你。如果你对离开孩子有所迟疑，你就可能很难拒绝孩子的请求。尽管你不断地安抚，孩子还是拒绝回床睡觉，这种情况就可能使你进入失控状态。如果你发脾气、大声吼叫或者做出过激的行为，你和孩子就都会感到痛苦，而分离就会变得更加困难。可能经过长达几小时的冲突，你和孩子不欢而散，筋疲力尽，关系疏离。如果孩子知道父母生气了，他可能会难以释怀，尽管也会就此睡去。

没有父母会喜欢失控状态下的自己以及这种状态下自己对孩子做出的行为。如果父母不反思自己的行为，他们将不断地进入失控状态。部分原因可以归于我们无法轻易地从失控状态进入可控状态。而反思问题的源头可以增进自我了解，并且帮助我们尽可能地降低进入失控状态的可能性。

高模式进程与大脑中的前额叶皮质有关，前额叶皮质位于大脑顶部的前方，因此我们将其称为“高通道”。当处于高通道状态（可控状态）时，我们的思维是理智而充满反思的。这使得我们能够思考各种可能性，充分考虑自己的行为及后果。可控状态使我们在抚养子女的过程中做出符合我们价值观的选择，但不表示我们和孩子之间不会有冲突，也不表示孩子永远不会伤心难过，而只让我们对孩子的行为选择性地做出反应。在可控状态下，我们的反应可以帮助我们维持和孩子之间健康、温馨的关系。模式进程类型及其特征见表 7-1。

表 7-1　模式进程类型及其特征

高模式进程或可控状态	低模式进程或失控状态
高模式进程是指在思维清晰、理智、考虑周全的状态下进行信息处理的过程，使我们能在自我意识清醒的可控状态下，综合各方面的感受做出细致、灵活的反应，帮助我们维持与孩子之间和谐的关系	在低模式进程下，思维的高模式进程被关闭，当事人情绪激烈，行为冲动，反应僵硬重复，并且缺乏自省能力，也不考虑他人的看法。当人处于失控状态时，前额叶皮质将不起任何作用

失控状态

应对失控状态是对我们为人父母能力的挑战。父母未妥善处理的问题可能会导致其思维和行为产生混乱，从而在与孩子的互动过程中表现得高度情绪化和捉摸不定，甚至在无意中使孩子产生恐惧和困惑。情绪可控和失控时的大脑状态如图 7-1 所示。

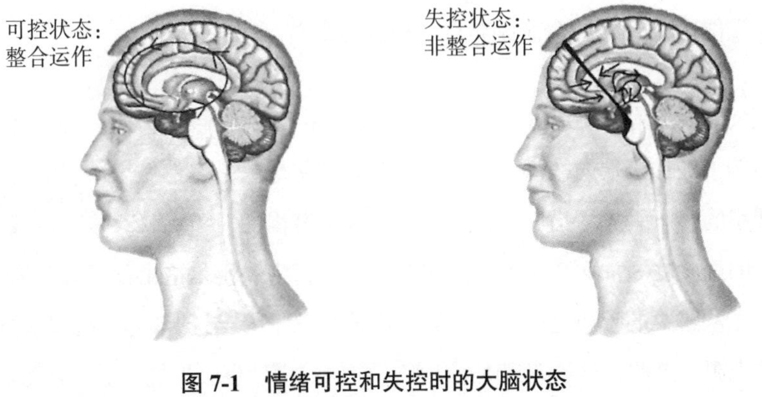

图 7-1　情绪可控和失控时的大脑状态

假设你是个 3 岁半的小男孩，正和母亲在公园里玩。当你玩娱乐设施时，母亲看起来很开心，你感受到了疼爱和怜惜。当你正要爬上滑梯时，她却告诉你该回家了。这时候一个朋友走过来和她说话。你又滑了好几次滑梯，她们的谈话还在继续。于是你走向攀登架并且爬到顶端，自豪地向母亲招手。她抬起头看着你，突然变得非常生气，因为她有一个约会，现在已经快迟到了。她冲着你大喊："快下来！"

你感到很奇怪，刚才和你开开心心玩耍的妈妈哪里去了呢？你不想和一个"凶妈妈"在一起，于是滑下滑梯，爬进小隧道里躲了起来。母亲伸手拽着你的胳膊要把你拖出来，拉得你手生疼。她的声音和表情都变了，显得很愤怒。她不停地责骂你，说你是个"坏孩子"，完全不听你解释。你哭起来，试图把她推开。她火气更大了，对你大吼大叫，怪你对她动手。她把你从隧道里拖出来，无视你的眼泪，一边急匆匆地走向车子，一边还在责骂你。

这个母亲的反应并不是针对孩子的行为，而是来自她自身的问题。可能她发现约会迟到，进而关联到一件过去遗留下来的事情，那件事情使她无法为自己的行为进行界定。小时候，母亲可能没有能力满足她的需求。她没有得到母亲的关爱，反倒因为要照顾母亲的情绪而放弃自己的需求。而现在她被激怒了，原因就是孩子没能为了她的约会而放弃自己想做的事情。

当父母身上有未妥善处理的问题时，他们的举动可能会造成孩子的恐惧和困惑。比上述例子更加极端的故事比比皆是，但即便父母只是突然做出愤怒的表情，也可能让幼小的孩子手足无措。一旦父母成为孩子警惕的对象，就意味着将孩子置于充满冲突的经验之中，而孩子也无法解释父母的行为。于是这个孩子就会陷入充满压力而又无从解决的矛盾之中：父母原本应该是孩子寻求抚慰的对象，此时却变成了恐惧的来源。至此，孩子感到困惑不解，而他的举动也会更加不尽如人意。

引起父母失控的环境条件可以和其过去的人际关系问题或创伤经历联系起来。在日常生活中，当忍耐极限受到孩子的挑战时，当安慰难过的孩子时，当处于睡觉时间等分离状态时，父母就非常容易被激怒，从而进入失控状态。

失控状态由 4 个阶段构成：触发、过渡、浸没和恢复。触发是指未完成的任务和事件产生作用。过渡是指在进入失控状态前濒临极限的感受，它可能是突如其来的，也可能是循序渐进的。浸没是指当事人被诸如郁闷和失控等强烈情绪控制，困于失控状态之中。在失控状态下，大脑灵活思考的机能停止运作，因此寻求从失控状态中恢复过来的方法成为父母与孩子维持健康亲子关系的重大挑战。

Parenting from the Inside Out **失控状态的4个阶段**

触发：内部或外部事件引发低模式进程。

过渡：大脑由整合运作的可控状态转入失控状态。

浸没：处于失控状态，无法进行自我反省、自我调节等高模式进程，思维停滞。

恢复：高模式进程的整合作用重新启动。在恢复阶段，对重新进入失控状态的抵抗能力很低。

假如父母频繁地在无意识状态下采取失控行为，孩子就会感到恐惧和困惑。而父母同样也会对造成自身思维模式急剧转变的内部冲突、矛盾或情绪侵入感到疑惑。有时，父母的注意力完全集中于解决自身的压力而忽略与孩子之间的互动，这对他解决自身压力和孩子的情绪问题都会造成阻碍。

当父母处于失控状态下时，他们将无法对孩子做出有效反应。当父母被自己的愤怒和过激行为困扰时，最好的做法就是停止和孩子互动。除非父母已经冷静下来，否则情况很可能变得更糟。他们可能会变得更加难以自控，而孩子也会更加恐惧。

受困于失控状态

实习的时候我曾经和一家人一起工作。这家人的父亲在被别人拒绝的时候,思维模式会急剧转变。当女儿拒绝服从他的要求时,他的反应尤为激烈。他说那是一种“疯狂的感觉”,好像“有什么要爆发了”。他手臂颤抖,头脑胀痛,感觉像要爆炸。他感觉自己像是疯了一样,仿佛即将进入一个隧道,离开周围的人群,从这个世界上消失。此时他处于失控状态下,并且无法脱离。他知道自己狂怒的脸绷得紧紧的,身体肌肉也变得僵硬。有时他会愤怒地冲女儿大吼大叫,有时他又感觉自己被狂暴控制,无法自持,会用力地捏女儿的手臂甚至打她。

这位父亲为自己的情绪爆发深感羞愧,试图否认自己曾反复进入这种可怕而狂暴的失控状态。因为羞愧,在与女儿发生这类糟糕的互动之后,他无法采取任何修复工作。这些隔阂反复发生而又没有得到解决,导致女儿对父亲感到困惑,难以信任。长大后,当她发怒或者想起狂怒中的父亲时,这些可怕的经历会重新对她产生影响。也许她认为,当她想要什么东西的时候,别人就会被激怒并且背叛她。尽管这并不是父亲的本意,但这却是女儿从他身上了解到的。为什么这位父亲会这样对待自己挚爱的女儿呢?

原来这位父亲年幼时,他那易怒的“酒鬼”父亲经常“发酒疯”,有时候还会追打他。他的母亲性格内向,总是处在抑郁状态,无力保护他。父亲的行为捉摸不定,他常常成为“牺牲品”。

成年之后,这位父亲发现女儿总是达不到自己的要求。和其他孩子一样,女儿我行我素。不能如愿的时候,她很自然地就会生气,这很正常。但是这位父亲却觉得女儿是在针对他,在反抗他。这种被拒绝的感受在他心里发生一系列的变化,最终转变为愤怒,从而让他进入失控状态。

这种失控状态是怎么产生的？过去未解决的问题是怎样让我们无力抵抗失控的困扰的？我们来分析一下这位父亲的情况，从而深入地了解这个过程吧。这位父亲意识到女儿对自己的不满情绪，导致思维状况发生了变化，这激活了他一系列未解决的问题。他的脑中充斥着被拒绝的感受和关于过去的疏离的回忆：受到压迫时想要逃离的本能冲动、对愤怒的父亲和难过的母亲的感性回忆、对恐惧和羞辱的情绪反应以及肉体的紧绷和痛苦。他并不知道自己正在回忆这些东西，但事实上它们已经迅速成形并潜入了他的意识之中。此时此刻，他过去所经历过的感觉正以当下现实的形式被他再次体验，从而导致他进入失控状态。

也就是说，这位父亲对女儿的观察激活了他的内在记忆。这些记忆蜂拥而至，迅速改变了他的思维状态。这种突然的改变会引起意识的不连续反应，就是所谓的“分离”。心里有未抚平的创伤的人在这种突如其来的转变之下尤其脆弱，更容易进入失控状态。有时候这样的变化会使思维进入僵硬、迷茫的状态，有时候则会导致人变得激动和暴怒。

这位父亲说那是一种“疯狂的感觉”，好像“有什么要爆发了”。他被干扰性的内隐记忆淹没，突然进入儿时经常经历的精神状态，被那些历久弥新的恐惧感、排斥感、愤怒和绝望所压迫。他为自己的不被接受和无能为力感到羞耻。他将女儿的不满解释成对自己的愤怒，因而觉得受到了侮辱。还没来得及从这种没顶而来的感觉中抽身，他就已经进入失控状态而开始发怒了。这种失控状态阻止了高模式进程的灵活思考。在这个改变了的分离的状态下，他对女儿做出了可怕的行为，而这却是他本人万万不希望的——他失控了。

这位父亲儿时不断经历的精神状态成了他性格的一部分。他的精神经历直接决定了他与女儿的互动方式，而女儿反过来也经历了自身精神世界的混乱。这位父亲被困于失控状态了。

对于自己为什么会对年幼的女儿采取如此凶恶的态度，这位父亲百思不得其解。在治疗前期，他很难承认自己和女儿有过这样的互动。在听了关于高模式进程和低模式进程的简单解释之后，他开始能够从一个更加客观而“有距离”的角度来反省自己的精神变化。这种距离给了他安全感，使他放下罪恶感和羞耻感，从而能够静下心来思考他这样凶狠地对待孩子的根源，也就是他过去的经历。在这个全新的思考方式之下，他开始了对过去创伤的治疗过程。

在这个例子中，值得关注的是主人公“酒鬼”父亲的故事以及其与女儿的相处经历。刚开始的时候，整个事件只是令人疑惑而恐惧的感受和影像，随着时间的流逝，他才意识到这两件事之间的内在联系。在了解到过去的潜在记忆仍旧可能完整地存在于当下明晰的现实之中后，他学会了用新的方式思考，得以将前后故事联系起来。以前他总是将自己的狂暴归于性格易怒，而在对大脑、记忆、失控状态等有所了解之后，他便明白自己发怒时，大脑其实正在将极其重要的自省功能关闭——当时他的大脑无法进行理智、周全、灵活的选择，无法进行清晰的思考，并且严重受困于失控状态。

有了以上知识之后，他开始能够对自己的经历做出解释。他将过去与当下的经历联系起来，在自己的精神世界中形成一个连续的因果关系。这个例子告诉我们，他的恐惧不仅来自现在，还与过去的精神创伤息息相关。

应对创伤与失去经历

我们的儿时经历可能在某种形式上涉及创伤与失去经历。要解决这些经历所带来的问题，就必须对失控状态及其与过往经历的联系有所了解。这类问题通常代代相传，会产生并延续不必要的情感折磨。如果我们的问题一直没有得到解决，我们自身的混乱思维就很可能对子女的思维造成混乱。

在抚养孩子的过程中，我们过去未解决的问题会使我们变得脆弱，而在麻烦出现之前，我们对其毫无察觉。认识到这个事实是非常重要的。当我们进入失控状态时，这些遗留问题和未解决的创伤与失去经历就会暴露出来。尽管大多数父母时不时都会进入失控状态，但是未解决的创伤与失去经历会让这种现象出现得更加频繁而剧烈。

在照顾孩子时，我们脑海中的遗留问题不可避免地会被激活。尽管我们并没有完全浸没于无法进行理智思考的低模式进程中，没有受到如潮水般压迫而来的强烈情绪的支配，但遗留问题会让我们难以清晰地思考。遗留问题会歪曲我们的观察，改变我们的决策，并阻碍我们与孩子和睦地交流。

假如失控状态下的互动一再重复而没有得到修复，孩子对父母的情感依恋将受到影响。孩子需要我们的配合，以获得生理平衡而形成连续的思维方式。思维的连续性可以使人的精神世界适应外部变化。连续性让人感到自己和其他人是联结在一起的。通常在由遗留问题引起的失控状态下，父母与正常思维分离，因而无法继续与孩子进行协调交流。孩子感受不到父母的配合，就无法及时获得生理平衡和思维的连续性。

遗留问题通常涉及创伤或失去经历，其对精神世界所造成的破坏更甚于遗留问题本身。那么，这些问题该如何解决？如果在回忆起创伤或失去经历时你感到无所适从或者一片混乱，你就应该回顾一下这些事件，思考一下它们如何影响了你的人生、你的人际关系以及你所做的选择。设想你和父母都尽己所能地做到了最好。不要指责或者批判自己。尊重你的感受、情绪以及脑海中浮现出的影像。创伤与失去经历的治疗需要耐心和时间。假如由于遗留问题而时不时感到情绪激动、思维混乱，无法清楚地表达自己甚至厌世，那么可以向专业人士寻求必要的支持，以帮助你完成治疗。

Parenting from the Inside Out 教养笔记

- 要解决遗留问题，就要回顾这些事件，思考它们对你的人生、你的人际关系以及你所做的选择造成了怎样的影响。不要指责自己。尊重你的感受和情绪。创伤与失去经历的治疗需要时间和耐心。

每个人在一生中都会失去一些东西。我们都不可避免地会经历失去挚爱之人所带来的悲痛。健康的悲痛是正常的，让我们得以在对方离世之后重新思考彼此之间的关系。因至爱的离世而悲痛是很正常的。然而，长时间的悲痛对于我们的身心并无益处。遗留的失去经历可能会以对去世已久的至爱的持续回忆和感受的形式出现。诸如对这件事絮叨不止等持续或病态的悲痛并不能够解决问题。由于未能解决的失去经历的干扰性、持续性和压迫性，它所带来的悲痛感受可能会引起长时间的社会隔绝和生活障碍。假如经过持续的反思或者尝试其他方法之后，问题仍然没有解决，那么就需要咨询专业人士了。

重要的是，我们应该明白孩子在经历失去的时候也会产生悲痛的情绪。帮助孩子经历这些情绪，能够使他们理解这些经验，从而不让这些经验对孩子的人生产生负面影响。孩子并不是只在失去亲爱的人时才会感到悲痛，许多其他经历也可能对他们造成同样的影响。失去一个关心自己的人、父母因离婚而与自己分离或者搬进一个新家，都是会让孩子感到失落的重大事件。父母可以站在孩子的角度与孩子分享自身的经历。

当你从孩子的角度思考问题时，他们更容易忘却失去经历所带来的痛苦。理解性的语言非常有用。举几个例子来说吧。如果你年幼的孩子正因换了保姆而感到不习惯，你可以说："安娜从你还是个小宝宝的时候就开始照顾你了，你肯定不希望她走吧？你还想不想每天看到她呢？"离婚时则可以说："爸爸妈妈分开住，你一定觉得很难受吧，而且还很难决定要跟谁一起住。爸爸妈妈离婚，最让你觉得难受的是什么？”而在搬家之后则可以说：“住到新房子里的确让人很难适应。你觉得我们的旧房子哪一点最棒？”使用诸如做家庭书籍、画画等具体方式，可以帮助孩子度过艰难时期。

父母可以帮助孩子理清由失去经历所带来的困惑和恐惧。我们认为微不足道的小事，在孩子眼里却可能意义非凡。下面的例子就说明了孩子和父母对同一事件的看法有多么不同。

一位父亲带着3岁半的儿子到婴幼儿家具店，打算为即将出生的孩子买一张床垫。这件事让他们感到非常愉快，这个小男孩感觉自己长大了许多。父亲拿着床垫走到家具店入口处的汽车旁，以为儿子就跟在身边。他把床垫放进车里，回过身打算把儿子抱到座位上。由于床垫挡住了儿子的视线，他看不到爸爸，正背对着爸爸站在后面流眼泪。孩子没有看到爸爸把床垫放进车里，还以为爸爸把他丢在家具店里了。这位父亲告诉孩子自己没有丢下他，其实他一直都在旁边。

回到家里，小男孩告诉妈妈，爸爸把他“一个人丢在商店里了”。妈妈仔细地向父子俩询问了事情的经过，并且再次向疑惑不解的儿子说明事情的原委。重复几遍之后，孩子看上去情绪稳定了许多，问题似乎得到了解决。最后这位母亲说道：“如果遇到什么问题，随时可以来问我。”临近傍晚，母亲和孩子正在一起玩，孩子抬起头问道：“爸爸是不是真的把我丢在商店里了？”尽管他只有两分钟没看到爸爸，而爸爸实际上并没有离开过他，他还是觉得自己被抛弃了。

孩子需要时间来理清自己的感受，理解自己的经历。短短几分钟的失落造成了这个孩子情绪上对被遗弃的恐惧，这对他的思想产生了严重的影响。这个故事告诉我们，父母在孩子有过可怕的经历之后及时进行了解，并采取进一步的交流，可以帮助孩子理解自身的经历。

摆脱失控状态

未解决的创伤经历会影响我们的日常生活。举个例子，当回忆起被威胁或恐吓的经历时，你可能会情绪激动，思维混乱，这可能是因为创伤未得到解决而造成的。创伤经历未得到解决还可能体现在被孤立的内隐记忆上。内隐记忆可以由许多元素组成，比如情绪、行为冲动、观察，甚至包括身体感觉。你并不知道自己记起了什么，但是实际上这一切已经潜入你的意识。这些元素会激活过去的经历，我们称之为“闪回”。

还有一种可能，就是过去经历的碎片对你造成了侵扰，但并不足以构成一个完整的事件。细节观察（比如没有声音的图像）、身体感觉（比如肢体的疼痛）、强烈的情感（比如恐惧或愤怒）以及行为冲动（比如僵硬或逃离），诸如此类的独立感知都可能影响你的意识。你可能并不觉得它们是回忆的一部分或者是来自过去的什么东西，但事实上它们却可能是内隐记忆的元素。

由于未解决创伤的存在，我们可能同时体验到内隐记忆和外显记忆的碎片所构成的具体生活事件。具体的记忆会让我们感受到往事重现。假如这些记忆与自身情感有关，它们还会引起我们关于自我和时间的感受。我们可能以体验过去的形式感受这些零碎的外显记忆，却不能将其拼凑成生活中的具体经历。当清晰的记忆将回忆的各种因素集结起来时，就产生了生活事件。思考这些记忆元素是十分重要的，它有助于我们将过往创伤的不连续的碎片拼凑成连续的生活经历。

当处于失控状态时，思考能力会停滞，因此在经历失控状态后，我们首先要做的就是提高自我恢复技能，此后再深化自我了解。随着时间的流逝，在我们即将进入失控状态之际，甚至是在失控状态下，思考也将成为可能。有人发现，在失控状态下，尽管人们无法控制自己的行为，但能够“远距离”观察自己。获得这种观察能力是把自己从失控状态的深渊中解救出来的重要开端。

在失控状态下，我们进行反抗、逃避或者僵化的生存本能会更加活跃，并且控制我们的行为。身体自动做出反应时会表现出这些古老的本能反射，比如在愤怒时肌肉僵硬、在恐惧时有逃跑的冲动，或者觉得肢体麻木而无法动弹。了解我们的身体感受是理解失控行为的第一步。有意识地改变自己在失控状态下的身体反应可以帮助我们摆脱这些与生俱来的反射的束缚。大脑依靠身体来了解它的感受、判断事物的意义。因此，能够了解身体的反应，就能够为处理失控状态提供直接而有效的方法。

要改变失控对我们生活的影响，就必须学会分析这类状况发生的根源，更加深刻地认识自己。举个例子，被误解或被忽视会引发突如其来的羞辱感，让人觉得“胸口一紧”，并躲避与他人的眼神接触。了解导致这一失控的羞耻感的原因，对于防止重复进入这种状态具有重要意义。有的人在被忽视的情况下会感到愤怒，从而陷入失控的愤怒状态而难以自拔。理解这些特殊的起因，理解它们如何引发特殊反应，对于分析这些经历并为生活中的脆弱状态提供解决方案是十分重要的。

积累关于大脑的知识可以使人从自我审判转变为自我接受。要进入自我反思状态，需要独处一段时间。这对于年幼孩子的父母来说是相当困难的。即便是在每天睡觉前花几分钟时间想一想自己一天的作为，或者向朋友诉说自己的经历，尤其是情感上的起伏，都是十分有益的。当经过一场争论，你对孩子的举动和自己的反应感到沮丧不已时，你可能会问自己：“我为什么会那样做？”“为什么我会觉得自己的行为对孩子有好处呢？”这类问题能够帮助你进一步培养自省能力。我们内心世界的碎片也许已经被忽视了许多年，而这种有意识的思考能够帮助我们将它们拼凑起来。对大脑和思维的了解能够强化我们的自省能力。

还有一些方法能够加强治愈过程，带来身体的意识和自我反省，写日记就是其中之一。拥有一个倾诉对象也会为生活的清明和连贯带来新的气息。

治愈过程该如何开始呢？你可以从与一个能够支持你的、可靠的成人通信或对话做起。孩子可能无法负担父母的经历，担当父母的精神支柱不应该是他们的任务。假如你所受的创伤时间较早并一再反复，那么在进行治疗、走向连贯生活的旅途上，专业协助将是必要的。从创伤和丧失经历中解脱出来，无论对你还是对孩子都是可能的，也是意义重大的。不要因为害怕面对问题而止步不前。你没有义务被它们控制，而它们也没有必要继续影响你和孩子的生活。

Parenting from the Inside Out 反思练习

1 回忆一下你和孩子进入失控状态的经过。你都做了些什么？你的孩子是如何反应的？你还记得自己脱离可控状态时的感受吗？为了不再受失控状态的困扰，改变你和孩子的相处方式，首先要知道你是受到什么刺激才进入失控状态的。

2 在和孩子的互动中，有没有什么特别的情况容易导致你进入失控状态？你和孩子互动中的什么情况让你感到恐惧、愤怒、伤心或羞耻？是什么把你推向了崩溃边缘？是什么让你在回归可控状态的过程中备受困扰？

3 当处于失控状态时，进行自我反省会变得非常困难。停止和孩子互动，让你的身体动起来，伸展四肢，到处走走。注意调整你的呼吸。当你开始冷静下来时，注意观察你的精神感受和人际互动。“自言自语”对降低消极情绪和减少负面行为有所帮助。

4 思考改变旧有模式的可能性。当你受到某件事的刺激，正要进入失控状态时，要记住你还有其他选择。深呼吸，数到十。停下来喝杯水。暂停一下或者来个“精神休息”，脱离这个环境。你要看到正是过去的根源导致现在的反应，而你不需要再走那条老路了。

科学聚焦

Parenting from the Inside Out

要知道思维作为一个整合系统是如何发挥作用并在身体、大脑和人际交流中取得平衡的，我们就需要仔细地分析生理层面和社会互动层面上的思维过程。人际神经生物学告诉我们，思维是一个传递能量和信息的过程。这个过程由大脑与神经的联系以及人与人之间的交流决定。在偶然的交流中，内部的自我精神创造和社会世界的反应取得平衡。但是大脑究竟是如何作用，以在大脑内部、身体和社会环境中取得平衡的呢？

掌心的大脑

无论是专家还是父母，都可以通过如图 7-2 所示的拳头模型来了解大脑的结构和思维的产生过程。对于了解思维是如何在整合的条件下产生可控状态、在非整合而互不关联的条件下产生失控状态的，这个模型尤其有用。

往手心方向弯曲拇指，再把其他手指覆盖在拇指上，你就得到了一个与大脑的基本结构相似的模型。我们可以像神经学家那样创造一个模型，把它分成三大区域（保罗·麦克莱恩所说的“三位一体脑”模型），来研究这些解剖学上相互独立、功能学上相互联系的区域：脑干、大脑边缘系统和大脑皮质。

举起你的手，让指甲对着你的脸。中指与无名指两根手指指甲处于这个假想的大脑的眼睛后面。耳朵从两边伸出来，头的顶部就是你弯曲手指的顶部，脑袋的后部则对应你拳头的背面，而脖子由你的手腕来表示。手腕正中代表从背部延伸上来的脊髓。手掌正中则表示脊髓延伸出来的脑干。脑干在神经系统中负责通过身体感受和感知系统（以嗅觉为主）接收外部信息，在清醒和睡眠的管理中起着重要作用。

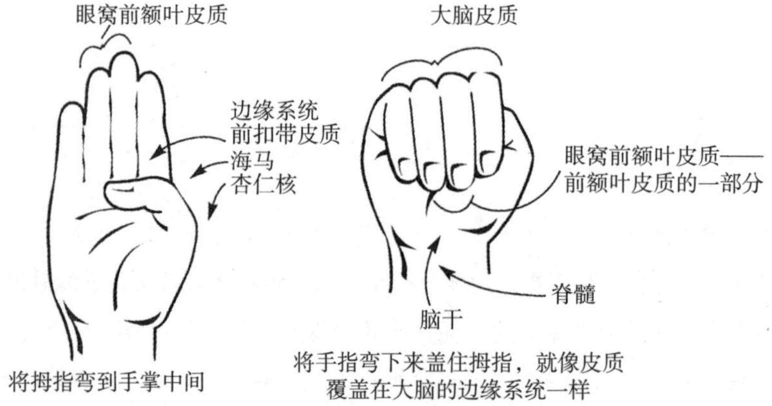

图 7-2 拳头模型

假如你把手指翻开，露出蜷曲在手掌中的拇指，你就像在看大脑模型的边缘组织。这个部分负责调动情绪并产生机动状态。边缘组织非常重要，它影响大脑的一切活动。大脑剖面结构请参见图 7-3。

当科学家提到大脑中某个结构负责某项功能时（比如海马控制清晰记忆），他们的意思是，许多研究表明，完整、健全的结构（海马）对于完成这个活动（清晰记忆）至关重要。我们所说的“发挥作用”，指的是这个区域的神经活动要么是个重要的基础（比如视觉对于光与暗的判断），要么是个整体的过程（比如对于特定事物的观察）。这同时表示这个区域起着重要的整合作用，将其他区域的神经活动联结成一个功能整体。正如我们即将看到的，边缘结构在整合过程中起着十分重要的作用。

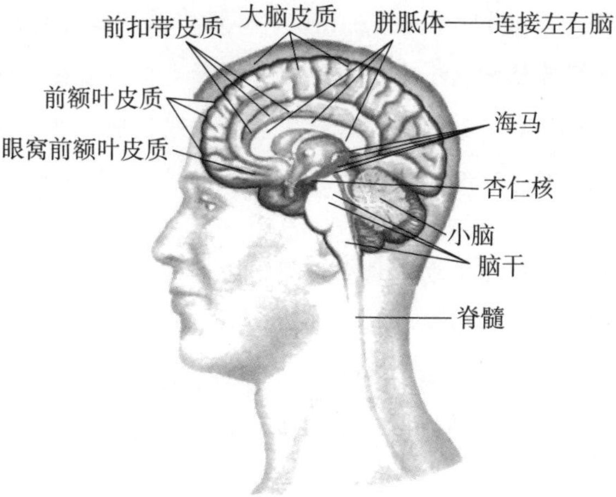

图 7-3 大脑剖面结构图

在抚养孩子的过程中，边缘系统的几个区域特别重要：海马、杏仁核、前扣带皮质以及眼窝前额叶皮质。有了这些结构，大脑才能够控制身体平衡，适应环境变化，并和其他人建立重要的联系。我们认为，通过孩子对父母的依赖，这些结构在大脑中发挥着一定程度的整合作用，以促进孩子的成长。

在第 1 章关于记忆的内容中，我们提到了海马。在拳头模型中，海马位于拇指的中间部分。海马就像一个认知器，联结各种各样广泛分布的神经输入信息。这些信息对于整合一系列进程、获得明晰真实的个人记忆具有重要的意义。

杏仁核对应的是拇指中间部分前面的指关节，位于海马的末端，处于大脑更深处。杏仁核对于控制情绪（尤其是恐惧）十分重要。这里的“控制”，既包括产生内部情绪和对外表达，也包括观察其他人的如上状态。具体来说，就是杏仁核具有脸部识别细胞，在面对丰富的表情时，这些细胞就会被激活。杏仁核是大脑内部负责判断所受刺激的重要性的关键评估中心之一。有关研究表明，杏仁核对于感知的倾向具有类似“捷径”作用的影响。由此，人可以绕开清醒认识的过程，迅速激发感知系统，以对环境中具有威胁性的因素提高警惕。同时，在诸如恐惧等精神状态中，杏仁核发挥着类似“曲径”的作用，高层新大脑皮质的意识过程会受到刺激。这样的功能使我们能够感知危险，并迅速做出反应，而不需要等待意识的缓慢激活。

在拳头模型中，前扣带皮质相当于拇指最后的部位。而在大脑内部，前扣带皮质位于连接左右脑的组织——胼胝体上方。有人将前扣带皮质比作大脑的“司令官”。它帮助我们协调身体和思维。此外，它还负责“调动注意源”，决定我们关注的对象。前扣带皮质还从身体感觉中提取信息，这对于情绪的产生意义重大。

边缘回路直接影响着拳头模型很难体现的一个重要结构——下丘脑。下丘脑是大脑中关键的神经内分泌中心，负责激素分泌和神经递质的流动。它影响着大脑和身体的许多功能，比如饥饿和饱足、压力反应等。此外，拳头模型难以体现的结构还有小脑。小脑位于手背与手腕连接的部位，它对于保持身体平衡十分重要。近来还发现，小脑在信息处理中也发挥着重要作用。小脑同时分泌抑制氨基丁酸素（GABA)，能够抑制激动情绪传递到下丘脑和边缘结构。研究表明，儿时创伤对于 GABA 纤维素、胼胝体乃至整个大脑的发育都有负面影响。

拳头模型中边缘结构的最后一部分——眼窝前额叶皮质，位于大脑的第三大区域——大脑皮质。大脑皮质对应的是覆盖在拇指上的手指部分。大脑皮质位于大脑顶部，一般认为它负责的是最高级的大脑功能：抽象思维、反思以及用来区分人与动物的意识。大脑皮质上有许多突起，发挥着诸如视觉、听觉和动作等重要功能。在抚养孩子的问题上，我们对大脑皮质的前部特别感兴趣，其称为额叶。额叶所对应的是手指指甲开始到第二个指节关节的部分。额叶控制推理和联系功能。额叶的前方是前额叶皮质，对应指甲到最后一个指节关节的部分。

前额叶皮质的两个主要区域包括两边的背外前额叶皮质和中间的眼窝前额叶皮质。背外前额叶皮质对应的是食指与小指两根手指的最后一块，它是思维的黑板——记忆中心。它能够使你记住并拨通一个电话号码，说出并记住你想说的话。眼窝前额叶皮质得名于它的位置，也就是眼眶或者眼窝的后方。在拳头模型中，中指与无名指两根手指从最后一个指节到指甲的部位就是眼窝前额叶皮质的所在位置。道格拉斯·布雷姆纳和一些学者的研究证明，前扣带皮质和眼窝前额叶皮质作为一个回路发挥着作用，创伤性精神障碍会损害该回路与海马和杏仁核的互动。眼窝前额叶皮质和其他边缘结构的协调作用对于大脑的灵活运作意义非凡。

眼窝前额叶皮质是大脑中唯一一个和三大区域都有联结的部位。它与大脑皮质、边缘结构和脑干进行神经元的往来，将这三个区域连接成一个整体。这个独特的位置使得它在整合大脑这个复杂的系统中发挥着特殊的作用。眼窝前额叶皮质是大脑的终极神经整合区。

眼窝前额叶皮质发挥着一个重要作用，就是负责自主神经系统（ANS）的管理。自主神经系统负责规范生理功能，比如心率、呼吸和消化。它包括两个组成部分：一是类似于“油门”的交感神经；二是类似于“刹车”的副交感神经。这两个系统的正常运作使得身体保持平衡，在威胁面前保持高度警惕，在危险过后冷静下来。而这种自主功能依赖于眼窝前额叶皮质的“离合器”作用，以用于平衡身体的“油门”和“刹车”。

此外，眼窝前额叶皮质还协助下丘脑的运作。下丘脑是大脑的神经分泌中枢，负责激素的分泌。不仅如此，诸如由脑干网状结构所控制的警觉和情绪变化，也受到眼窝前额叶皮质的直接影响。眼窝前额叶皮质在右脑比较发达。现在我们可以理解为什么眼窝前额区域被称为“首席执行官”了——它通过整合大脑的三大区域帮助我们保持身心平衡，并且协调整个身体的新陈代谢。

眼窝前额区域需要引起父母的重点关注，因为它与大脑的许多方面都有所联系，这对于良好的精神和情绪运作十分重要。除了利用自主神经系统管理身体，眼窝前额叶皮质还涉及包括眼神接触在内的情绪管理以及受情绪控制的人际交流。它与前扣带皮质及紧密联系的各个区域一起，对于获得社会认同意义重大。眼窝前额叶皮质还与其他许多方面有关，比如反应的灵活性、接收并分析信息的能力、对各项反应的权衡能力以及选择恰当的反应的能力。

失控与前额区域

失控是大脑原本较高级的整合功能，即“可控”的关闭状态。这个说法证据何在？教师和临床医学专家表示，养育孩子的人经常遭遇“失去理智”、“发狂”、“不知所措”、“崩溃”或“坠入深渊”的经历。这些主观性的描述体现了个人原本运作良好的大脑突然发生的改变。这是个全然不同的状态，大脑不再进行内部信息的处理或者像平时那样进行活动。通常，父母将他们的感受描述为“自己无法控制的”狂怒、恐惧或痛苦。他们会变得十分凶恶，漠视孩子的需求，有时还会造成孩子生理上的痛苦。

这些行为和精神上的变化是如何产生的？大脑作为一个整体，依存于各个不同的回路所构成的整体运转。当神经整合遭到损坏时，大脑用于支持连贯思维的功能就会被打断。我们可以参考研究大脑整合功能的基础临床科学，以了解大脑是如何迅速进入非整合的低适应性状态的。神经整合的关键区域之一就是前额叶皮质。

梅素兰对精神失控状态的存在和前额系统的整合作用表示支持：“它们与杏仁核明显是紧密联系的，这就表示眼窝前额区域靠近边缘部位的部分可能在情绪调节方面具有重要作用……事实上，眼窝前额叶皮质受到损害可能会使人在遇到问题时情绪失控，并且导致其无法正常思考和行动。”将这些发现和邻近的前扣带皮质的作用结合起来考虑，得出的结论就是，前额叶皮质中部整合区域受到的功能性损害会对个人的精神世界和对外行为产生严重的影响。

眼窝前额叶皮质和前扣带皮质的相互联结可能对于创造灵活运作的可控状态具有关键作用。前扣带皮质包括两个组成部分：一个负责控制信息流（认知区域），是注意力的业务主管；另一个负责分析生理反应（情绪区域），产生相应的情绪状态和情绪表达。奥林·德文斯基、玛莎·莫雷尔和布伦特·沃格特表示："总的来说，前扣带皮质在行为的发起、动机和目标方向上至关重要……前扣带皮质和它的联结为理性和感性的结合提供了一个平台。扣带回既是一个放大器，又是一个过滤器，将思维的情绪和认知结合起来。诸如母子互动等复杂的社交活动都涉及大脑组织的作用，这些社交活动中有一些还受到前扣带皮质的影响，并受存储在后扣带皮质中的长期记忆左右。"

研究发现，在前扣带皮质由于大脑损伤而无法正常运作的情况下，会出现与失控状态性质相似而程度更深的变化。德文斯基和他的同事注意到："当前扣带皮质受损时，人的行为会发生如下变化：攻击性增强……情绪强烈，状态消极……母子关系受损，不耐烦，更容易产生恐惧或惊吓反应，做出各种不当举止。"对猴子和仓鼠的研究表明，前扣带皮质损伤会破坏母亲照顾婴儿的能力。大脑前额系统中间部位的损伤会导致情绪和社交功能的显著变化。而这些变化和失控状态的性质十分相似，但更加持久而严重。

前额区域可能产生暂时性的功能失常。扣带癫痫症包括扣带皮质连贯神经的损伤，并会引起行为和意识的改变，同时伴随着前额叶皮质功能短暂而显著的变化，从而引发暂时性的失控状态。德文斯基及其同事表示："在正常情况下，当受到情绪刺激时，发声等行为反应都是由前扣带皮质和其附近的区域所控制的。同样，部分感情状态也受到前扣带皮质的影响。"当前扣带皮质、前额叶皮质中部和眼窝前额叶皮质都产生机能障碍时，人们的社交活动也会受到重大的破坏。

人类临床实验、对灵长类动物和其他哺乳动物的研究都研究了一系列情绪、社交、生理和自律行为的变化。这些变化都和父母与孩子互动的特定情况惊人地相似。除此之外，对于创伤受害者的研究也表明，前额区域与杏仁核和海马的连接部位在遭受精神创伤后会受损。比起父母进入失控状态的经历，创伤经验、扣带皮质病变和大脑受损无疑严重得多。在这些更加持久而严重的临床状态下，前额区域的整合功能和可控状态都会由于遭受压力而产生暂时性的变化。

不仅如此，在特定情况下，比如创伤或失去经历未得到解决或者缺乏社会心理方面的支持，都可能使父母更加容易陷入严重的失控状态。这些科学发现为我们理解大脑和思想深处的变化提供了一个具有针对性的解释方案。它能够帮助父母深入地了解自己，不再停滞于“发狂”状态，不再因为觉得自己是不合格的父母而感到罪恶和羞耻。相反，我们能够更加温和地了解自己的内心，并且明白重新进入可控状态对于自己和孩子有多么重要。

Parenting
from the Inside Out

08 如何破裂，又如何修复
亲子关系

在和子女沟通时，父母难免会经历误会、争吵和其他冲突。这种冲突就是我们这里要说的“破裂”。父母和孩子有不同的渴求、不同的目标、不同的计划，因而容易产生矛盾。有时候孩子想熬夜打游戏，但是父母希望他们能好好睡上一觉，这种情况就很可能导致设限型破裂。此外，还有许多其他破裂，比如父母的惊吓对孩子的思想所造成的影响会更加严重。尽管各种各样的破裂是不可避免的，父母仍有必要对此保持警惕，以便和孩子建立温馨、和睦的关系。

我们称关系的重建为修复。为了修复关系，父母需要了解自己的行为和情绪以及它们是如何造成破裂的。没有得到修复的破裂会造成父母与孩子之间更加严重的破裂。长期的破裂关系会引发孩子的羞耻感，严重影响他们自我认知的发展。因此，当破裂发生之后，父母必须迅速地采取措施，及时重建与孩子的联结。

我们的思维主要通过发送和接收信号与其他人的思维进行联结。破裂的关系，尤其是由我们的非语言信息引起的破裂关系，将我们最根本的情感同其他人的情感分离开来。于是我们进入游离状态，在其他人的思维中再也感受不到自己的存在。我们不再感到被理解，而是感到被误解且孤立无援。当和生命中重要之人的联系中断时，我们思想的平衡和连贯功能很可能遭到破坏。我们生来就不是与世隔绝的，而是与其他拥有情感的人相互依赖着的。

有时候，我们和孩子的关系会变得十分紧张。作为父母，我们并不是每时每刻都喜欢自己的孩子，支持他们的想法，当孩子的行为对父母的生活造成阻碍时尤其如此。学会体谅自己的情绪，能够使我们对与孩子之间的冲突采取更加温和、宽容的态度。有时候，父母因为自己向孩子发火而充满罪恶感，所以无法意识到或者关注到这段破裂的关系。不幸的是，这种罪恶感会阻碍关系的修复，并且拉大父母和孩子之间的距离。理解自己在这个过程中的行为和思想能够打开与孩子重新建立联结的大门。

要为孩子提供指引又与之保持距离，同时和孩子有建设性的交流和情绪上的联结，对于父母来说可能很难。要如何做到这一点？学着平复自己的情绪，不再在罪恶感和对孩子的愤怒情绪之间左右摇摆，父母将会变得善于在抚慰孩子的同时督促他们的成长。温和地对待自己、理解自己可以帮助父母不过分地受自己与孩子情绪互动的影响。

要防止关系受损，单靠理解是不够的。有些问题是无法避免的。我们都应该努力用幽默和耐心去接受自己，才能对孩子宽容、慈爱。不断地责怪自己的过失会让我们陷入自己的情绪而无法自拔，从而脱离与孩子的联结。无论如何贯彻为人父母的准则，在我们和孩子的关系当中，误解和损害都是不可避免的。任何关系都会遭遇联结的中断。比起因为过错而轻视自己，我们更应该将这些时刻看作学习的机会，将精力花费在探索恢复彼此联结的方法上。深呼吸，放轻松！因为我们一生都在学习。

动荡型中断与良性破裂

孩子与父母之间的关系一直在变。有时候，交流是有益而和睦的，父母和孩子都觉得自己得到了理解。这种相互理解的感觉非常好。当联结之中有相同的经历时，我们会感受到共鸣，为对方的存在而感觉愉悦，感觉自己和对方相互包容。

但是这种理想的联结无法长时间地持续下去。我们不可避免地要脱离这美妙的结合状态。这些损害有很多种形式。在日复一日的生活中，父母和孩子都会时不时地需要联结和独处。这种联结和独处充满我们的生活。有的父母懂得迎合孩子的需要，在他们想要独处的时候给予空间，在他们需要联结的时候做好准备。有时孩子对于联结的需求可能会给父母带来困扰，因为父母想有自己的时间。然而，父母在得到自己的时间之前，总是要先把时间用在年幼的孩子身上。等孩子长大一些，他们会懂得理解并宽容地对待父母独处的需要，因为他们自己对于联结和独处之间的界限已有了更加清晰的了解。青少年时期则完全是另一回事。这个时期的孩子不愿意和父母共处，而更愿意寻求与同龄人的交流。

如果你需要独处，最好的办法就是直接告诉孩子。与其企图忽略孩子或者责怪他“强迫”你花时间陪他，不如告诉他“我现在需要自己待一会儿，但是 10 分钟以后我就可以给你讲故事了”，这会是个更好的选择。让孩子知道你的感受和行为都是出于自己的需求，而不是他的行为导致的结果，孩子就不会认为自己遭到了你的否定。如果无法合理地对待自己的需求，你可能会采取相对无益的方式，如对孩子发脾气，或者觉得孩子“要求太多”。

当父母没有理解孩子所传达的信息时，另一种形式的损害——误解就会产生。也许父母手头有事，因此没能注意到孩子在表达什么，也许父母没能理解孩子发出的信号。孩子通常不会直接说自己想要什么。尽管他们给出的信息是模糊的，但他们仍旧渴望得到理解。父母可能会把注意力集中在孩子的外部行为上，而忽视了行为本身的含义。父母也可能给出不协调的信息而使孩子感到困惑。

这些良性破裂在我们和孩子的日常相处中频频发生。无论孩子是兴奋还是难过，只要他们情绪高涨，他们对于理解的渴求就更加强烈。也正是在这种情况下，即便是良性破裂，对孩子来说也特别痛苦。要培养孩子的复原能力和活力，我们就应该学会采用温和的方式及时对关系进行修复。

设限型破裂

孩子从父母在生活中设置的条条框框中受益。通过父母所设下的限制，孩子了解到怎样的行为在家庭中和较大的文化环境中是适宜的。但设限行为也可能造成父母和孩子的关系紧张。当孩子想做某件事却得不到父母的允许时，设限型破裂就会发生。孩子会感到难过，觉得自己和父母关系疏离。父母和孩子之间的矛盾会让孩子感到苦恼。父母不可能永远满足孩子的需求。如果孩子在晚饭前要求吃冰激凌，每次去商店的时候都要求买玩具或者试图爬上餐桌，父母就需要设限制。这些设限经历对于孩子意义重大，能教会孩子该与不该，了解在家中他所想要的东西是否安全，是否合适。

当孩子听到“不”时，他会感觉自己的渴望或者行为是“错的”，但父母能够帮助他将冲动控制在适当且安全的范围内。要在设限之后仍旧保持联结，关键就在于重新调整自己和孩子的情绪。你可以向孩子强调他的渴求，但并不是真的满足他的愿望：“我知道你想吃冰激凌。但是马上要吃晚饭了，要不我们吃完晚饭再吃冰激凌吧。”对孩子来说，这比单纯地说一句“不行！你不能吃”要好得多。

很多时候，理解性的评价能够帮助孩子从需求未得到满足的失望中走出来。但是，即使父母给出的反应是最具支持性的，孩子还是会因为愿望没有得到满足而难过。让孩子继续难过，而不去惩罚或者宠溺他，是让孩子学会处理和忍受消极情绪的好机会。你并不需要满足孩子的所有需求，或者试图让他一直沉溺于这种难过的感觉之中。让孩子拥有自己的情绪，并让他知道你理解得不到想要的东西有多难过。这才是你能为孩子做的最温柔、最有益的事情。

通过回顾和孩子交流中不尽如人意或者难以解决的问题，父母通常可以学会怎样更好地养育孩子。下面这个例子也许可以帮助你更好地理解设限型破裂下母子之间的互动。

早上7点半，妈妈在厨房里一边做早餐，一边思考今天该做的事。4岁的杰克一如既往地好动，开始爬堆在冰箱旁边的篮子。“不要爬，那儿不安全。再说你爬上去有什么用呢？”妈妈问道。

“我想拿我的兔子草。”杰克答道。

妈妈不想去弄复活节剩下的那些草，于是撒谎说冰箱顶上没有兔子草。杰克知道她在说谎，反驳道：“上面有！”妈妈为自己撒谎而感到愧疚，于是拿出兔子草不情愿地交给儿子。杰克一边往餐厅走，一边扯袋子里的草。“别把那东西拿出来。我不想弄得满屋子都是。它会卡住吸尘器的。”杰克对妈妈的话充耳不闻，直到她严厉地喊他的名字，他才回到厨房。他走到自己的玩具厨房旁边，把兔子草一点一点地“装饰”到上面。

爸爸在桌子旁边看报纸。几分钟后，妈妈探出头，看到杰克在“装饰”早餐桌。餐垫上、调味瓶上都盖着一些绿色的塑料草。妈妈严厉地说：“别把兔子草放在我的地方。”杰克再次对妈妈的话充耳不闻，并“装饰”了她的地盘。爸爸试着帮助妈妈，便说：“你妈妈不想在这里看到兔子草。”但是杰克好像什么都听不见，还在继续玩。后来妈妈气急败坏地吼道：“把兔子草给我弄出去！”爸爸也用吓人的声音喊杰克的名字。

杰克很生气，一边嘟哝着“哦，那就这样咯”，一边把兔子草捡起来丢到地上。这番举动惹恼了爸爸。他跳起来，想把剩下的兔子草从儿子手中夺走。“够了！没有兔子草了！”他吼道。杰克哭喊着抓住袋子不放，大哭道：“我照你说的做了！我拿下来了！”

这个早晨变成了杰克的“哭叫大会”，爸爸和妈妈都试图把兔子草抢走。杰克很生气，并且越来越狂暴。后来，筋疲力尽的父母做了一个无用的“妥协”，把兔子草放回柜子里。当父母都出门后，杰克请保姆允许他把兔子草弄得满屋都是。他告诉她：“没关系，妈妈说过可以的。”

情况原本可以有怎样的不同？既然不能玩兔子草，那么一个明显的解决方法就是把剩下的兔子草收起来放好。但人们总是容易忽视这种做法。在交流的过程中，有许多方法可以让情况往更积极的方向发展。下面我们就列举一些做法。妈妈可以如实说兔子草确实放在冰箱上面，然后马上设置限制：“对啊，兔子草是在那里，不过现在不可以玩哦！你可以先想一想吃完早饭要怎么玩。”

假如妈妈已经因为说谎产生的罪恶感把兔子草给了孩子，而来不及注意到接下来可能产生的麻烦呢？她可以先不做早饭，在情况恶化之前把话说清楚：“杰克，现在先别玩！我早该告诉你要吃完早饭才可以玩兔子草的。我要把它收起来，你可以先想想等一下在哪里玩，这样就不会弄得一团糟了。”通过提早设限，她可以得到更好的效果，并且免去惊吓到孩子或者让孩子采取抵抗行动的可能。

我们可以想象在不同的条件下情况发展成更大的冲突的情形。在这些情形之下，父母可能会怎么说、怎么做呢？答案不是唯一的，父母有许多选择。但是，比起使用语言威胁孩子，采取行动更加重要。正如我们所看到的，由于限制设置过于模糊，母亲给出的信息又缺乏清晰度，杰克不断地得寸进尺，想要知道到底怎样才算是“够了”。

重新考虑这个情形，设想其他选择及可能的后果，这是个非常有趣的练习。你可能会想到自己对孩子生气而又对结果不满意的情况。试着了解孩子为什么做出这样的反应，并理清你原本可以怎么做来扭转局面。

我们要认识自己，才能知道自己究竟想要设置怎样的界限、传递怎样的信息。设限是尊重自己，也是尊重孩子的方式，而在发脾气之前设限，效果会更好。

恶性破裂

破裂可能会导致强烈的情绪痛苦，并对父母和孩子的关系产生不良影响，这不利于孩子自我意识的发展,因而被称为“恶性破裂”。在和父母产生分歧时，孩子可能会感到被排斥，孤立无援。当父母情绪失控，开始对孩子大吼大叫，说不好听的话或采取威胁性的行为时，恶性破裂就会产生。恶性破裂通常在父母处于失控状态时产生。当人处于失控状态时，就无力进行灵活、顺畅的交流。在各类中断的联系里，恶性破裂对孩子的危害最大，因为这种状况经常伴随着强烈的羞耻感。这时就会产生这样的心理反应：孩子感到胃痛、胸闷，想避免眼神接触；他们可能会感到灰心丧气，不愿意与人来往，并觉得自己“很坏”，有缺陷。

当父母有尚未解决的问题时，尤其容易引起恶性破裂。父母会迷失在失控状态的深渊之中，尽管发现了恶性破裂的产生，但若没有重新整合自己的情绪，他们就无法修复联结。这种整合通常需要父母停止和孩子的互动。他们并不一定要和孩子保持身体距离，反倒是精神空间对于父母冷静自己起着关键作用。假如父母停留在失控状态中还继续和孩子互动，他们的情绪就会更加消极，而未解决的问题会导致他们无法有效地教育孩子。长期频繁的恶性破裂可能会对孩子自我认识的发展造成严重的负面影响。这些破裂都应该得到温和、有效而及时的修复，以避免孩子的自我认识遭到损害。

一旦平静下来，能够思考当下的情况，我们就脱离了失控状态。任何父母都很难相信自己伤害或者惊吓到了孩子——但是我们确实会这么做。我们不愿意相信自己失控了，导致我们否定自己在与孩子破裂的关系中所扮演的角色。我们应该对自己的行为负责——修复联结的一大重要环节，就是认清自己在这段受损的关系中所扮演的角色。

“对不起，你没有按时回来吃晚饭，我没听你解释就对你大吼大叫。那时候天快黑了，我应该想到你可能发生了什么事。我不是故意大声说话吓你的。我真的是气坏了。我该好好听你解释，告诉你我在担心什么的。”对孩子说清楚自己的感受，对于彼此都十分关键。这样做不仅有利于破裂关系的修复，还能够减轻我们对孩子造成的羞耻感。

Parenting from the Inside Out 教养笔记

◎ 父母要对自己的行为负责。认清自己在与孩子的破裂关系中所扮演的角色，告诉孩子自己的感受。这样做不仅有利于破裂关系的修复，还能减轻我们的行为给孩子带来的羞耻感。

父母和孩子之间关于内心感受的对话和讨论，应该集中在造成破裂关系的原因上。这样，父母不但可以了解自己的心理过程，同时还能知道孩子的所思所想。最终目标就是双方相互配合，父母和孩子都得到理解并相互联结，重新获得尊严，而对自己和对方感到满意。

尽管恶性破裂应该尽力避免，但当它发生的时候，我们应该将其当作加深彼此了解的机会。在修复的过程中，孩子会懂得，尽管有时候关系很糟，但是关系可以重建，从而建立起与父母之间全新的亲密关系。

Parenting from the Inside Out 关系中断和破裂的类型

动荡型中断

良性破裂

设限型破裂

恶性破裂

‖羞耻经历‖

在恶性破裂中，父母和孩子都会感受到强烈的羞耻感。认为自己无法对孩子的行为产生积极的影响，使我们感受到严重的失望、羞耻和愤怒，觉得自己满身缺点。这可能和我们的童年经历有关。儿时受到误解和虐待的经历在我们的脑海中扎根，成为破裂关系的模型，使我们无法从羞耻感中脱身。陷入崩溃情绪和防范心理的我们，很容易进入失控状态而忽视孩子的需求。在这种情况下，和谐、连贯的交流远离了我们的思想。

在感到羞耻时，父母会过分关注周围人的看法，大脑也被各种是是非非所充斥。如果孩子在公共场合做出不当举止，我们会更在意陌生人的反应，而不是试着理解孩子的意图并有效地指引他。我们还很容易觉得别人认为自己无能。假如觉得自己不能像其他人一样控制孩子的行为，我们就会为自己的无能而感到惭愧。有时未解决的问题因此被触发，当事人会采取刻板的反应。在感到羞耻的同时，我们被防范意识所包围，于是进入失控状态。

防范意识是一种自动精神反应，通过阻塞对混乱情绪的感知而使我们保持身心平衡。在这个例子中，对羞耻感的早期适应可能包含了防范意识，以防止我们的意识感受到这些早期的情绪变化。这一系列防范机制成为羞耻动力。当它被激活时，我们可能会被陈旧的反应方式所吞没，从而将羞耻感置于意识之外。这些反应都是本能的，可以防止我们当下的意识感受到那股可怕的羞耻感。

羞耻动力和所有的防范机制都是在我们无意识的状态下启动的。我们复杂的思维利用这些自动机制来将破坏性的想法和情绪最小化，以减轻它们对我们日常生活的影响。认识这些变化将是我们学习如何生活和自知的机会。

羞耻感在恶性破裂中还会对孩子产生关键的影响。在恶性破裂这种情绪强烈的状态下，被分离的感觉会自动而本能地引起羞耻感。此时，孩子急需取得联结和连贯性，而羞耻感只不过是对于联结中断的自然反应。假如破裂关系持续下去，羞耻感就会转为恶性，对孩子的自我意识产生不利影响。假如孩子因为父母的愤怒而失去了与父母的联结，他可能会感受到羞辱。这些感受让孩子不愿意和他人交流，感到非常痛苦，并认为自己有所不足。稳固的防范意识因而形成并发展，直接影响孩子个性的形成。反复、持续的未修复的恶性破裂会破坏孩子尚未发育成熟的思维。

假如我们在童年时期不断地重复恶性破裂又没有对其进行修复，羞耻感就会在我们的精神生活乃至外在意识中占据重要地位。感受突然发生变化，或者和他人的交流发生了急剧转变，都会激活这种羞耻防御系统。

Parenting from the Inside Out 教养笔记

- 当还是孩子的我们感到脆弱无助的时候，思维就会产生防范意识，以保护我们免受这种痛苦的羞耻感影响。这些防范意识会持续到成年，并影响我们对下一代的教育。

交流破裂的迹象可能微小，也可能明显。在相对明显的情况下，破裂可能会引起孩子的畏缩或过激反应。不明显的迹象可能是孩子看着别的地方，躲避眼神接触。我们和孩子说话的语调可能会变，交流的投入程度也会降低，这些都是羞耻的反应。

在其他情况下，破裂的关系可能会引起孩子或父母只关注讨论的某个特定方面。父母和孩子都觉得对方心不在焉，因而对自己的观点更加笃定，从而导致更加严重的联系中断。当父母迅速进入失控状态时，情绪十分激烈，交流进一步受损，未解决的问题就更容易被重新激发。于是一个反馈回路形成了：父母和孩子都感觉自己被忽视了，越来越不被对方倾听和理解。

关系修复

修复是个互动的过程，通常开始于父母的自我调适。当父母处于失控状态时，进行修复是非常困难的。在开始修复之前，父母需要重新进入可控状态。假如父母的注意力不在孩子身上，或者父母以令人恐惧的方式中断了和孩子的联结，孩子就很难主动去尝试和父母重新建立联结。回忆联结的中断会引发羞耻感，在情绪高涨、急需联结的情况下尤其如此。有的父母说他们只想“熬过”这些不愉快的互动过程，然后就像什么事都没发生过一样继续和孩子相处。但这只会使孩子感到与自己的意识分离得更加严重。

即使你的父母没能修复你在儿时经历的恶性破裂，但你还是可以克制住本能的“不去想”的冲动。否定恶性的联结中断可能会成为你羞耻感方面未解决的问题。现在你有机会来解决自己的情绪问题，并为孩子提供一个完全不同的情绪经历。通过这些破裂和修复过程，父母可以与孩子建立亲密感和适应力。

父母要如何调整自己以开始修复进程？首先很重要的一点就是创造精神距离，以便思考引发冲突的行为。有时候身体距离也是必要的。并不是所有的破裂都能够马上得到解决。不同的人需要不同的时间来分析事件和自己的感受。

Parenting from the Inside Out 教养笔记

- **不要逃避儿时经历中未修复的恶性破裂，将它们转变为成长与更新的动力。要开始修复进程，首先需要创造精神距离，深入思考引发冲突的行为。停止与孩子的互动，深呼吸并放轻松，尽快恢复平静。**

等你冷静下来，思维清晰了，就想想怎么和孩子重新建立联结吧。但不要操之过急。因为在思维的阴霾驱散之前，你很容易失控，并可能重新陷入失控状态。在失控状态下，你对孩子的所作所为可能是你在可控状态下绝对不会做的，这会让你后悔。如果可以，当你处于失控状态时不要和孩子接触，以免对孩子造成伤害。否则，恢复的过程就会更加复杂而困难，需要进行更加及时的处理。

等你回到了可控状态，思考一下要怎么接近孩子。回忆一下你自己未解决的问题，思考它们是怎样在你与孩子的互动中被触发的。你的注意力要集中在两个方面：理解自己的思想负担，同时调整自己，以适应孩子的经历和接收他给出的信号。只有关注了这两个方面，你才能够避免在孩子拒绝重新建立联结的情况下再次陷入失控状态。同时，要学会尊重孩子和你自己对时间的把握。

等你冷静下来并调整好自己之后，思考一下你过去的经历。刚才的互动是怎样激活你过去的经历的？孩子的反应怎样触发你的失控反应？试着用孩子的视角来看待整个互动过程。你觉得他在这次互动和破裂中经历了什么？我们很容易忘记，孩子的幼小和脆弱会加重破裂带给他们的惊吓。孩子在忍受长时间的联结中断时，很容易觉得自己被抛弃了，或心中无比难过。年幼的孩子更是如此。因此，我们应该尽快和他们重新建立联结。

由于不适应自己的失控感，愤怒的父母总是难以投入地进行修复工作。父母对孩子情绪的防范意识使他看不见孩子对重新联结的需求。有的父母对自己的脆弱和对于孩子联结的情感需求感到厌恶，因而将愤怒发泄到孩子身上。这样一来，父母未解决的问题就会妨碍修复进程。顺利修复的关键在于关注你和孩子的感受。适应孩子的生理水平对于重新建立联结很有帮助。年幼的孩子通常希望能和你亲近，而年长一点的孩子则会觉得自己的领域被侵犯，更希望与你保持距离。

尽管孩子不会主动和你重新联结，也不会主动提起破裂过程，但是作为父母，你应该尝试温和地、主动地进行修复。因为脾性不同，孩子在失控状态或崩溃状态下的表现也不一样。有的孩子需要较长的时间才能恢复，而有的孩子则恢复得很快。一般来说，在父母主动进行联结之前，孩子是无法自行恢复的。

了解并尊重孩子度过关系破裂期的方式，并且重新与之建立联结，时机非常重要。如果在第一次尝试之后让你很受挫，别放弃，孩子希望和你回到温暖、积极的关系中。启动修复是父母的责任。一定要记住，以客观的态度陈述破裂经过是非常重要的："像这样的争吵对我们来说都很难受。我真的希望我们能够对彼此满意。我们谈一谈吧。"尽管你们对于事件的看法不同，但毕竟你们都经历了同样的联结中断，如果采取责备的姿态，彼此就很难达成和解。作为父母，你对自己的行为负有责任，也有义务去了解孩子的想法。

Parenting from the Inside Out 教养笔记

- 在表明你需要重新联结的意愿并了解彼此的问题所在之后，你可以听听孩子的想法。但不要质问他。控制住任何发表意见的冲动。包容他的想法。不要为自己辩护。和孩子一起回顾他在事件中的经历。对于他的感受和情绪都要有所关注。

当你开始谈论破裂的有害方面时，比如大吼大叫、咒骂、丢果酱瓶等，一定要记得说清楚，尽管已经为人父母，成人有时也会崩溃并失去理智。孩子需要知道这一点，这样他们才能够理解人、理解父母、理解人的思想、理解恶性破裂的本质。如果不了解这一点，他们就不能顺利地理解这些可怕的破裂经历。

因年龄和性格的差异，孩子对于破裂和修复的接受程度也不同。婴幼儿在面对恶性破裂时尤其脆弱，无法解决发生过的问题。学龄前儿童可能会对父母的失控状态和失常行为感到困惑，并比年龄稍大的孩子需要更多的安慰和非语言联结。为了理解恶性破裂，年幼的孩子需要更多的帮助，比如角色扮演、玩木偶、讲故事和画画等辅助方式。年纪稍长、能够进行比较顺畅的对话的孩子则可能对发生过的事情做出反应，并愿意探索父母的行为和自己反应背后的深意。

掌控情绪离合器

我们和孩子的交流方式影响着他们对情绪和冲动的控制。前面我们谈到了大脑前额叶皮质对自我意识、注意力和情绪交流等许多重要进程的协调功能，它在控制情绪方面同样十分关键。这个区域的一部分与大脑的三大区域直接相连，并协调它们的功能：

- 大脑皮质的高模式进程，比如推理和复杂的抽象思维。
- 大脑中部，负责动机激发和情绪制造的边缘系统。
- 下方的脑干结构，负责接收身体发生的信号，并影响本能、睡眠循环、警惕系统等。

前额区域位于神经系统的顶部，控制心脏、肺和肠胃等身体器官。许多研究者认为，从身体的这些部位发出的信号会进入大脑并影响我们的感受。事实上，前额区域不仅仅接收身体发出的信号，同时也是“首席执行官”，负责控制它们的运作。前额区域有“离合器”功能，能够帮助平衡“油门”（交感神经）和“刹车”（副交感神经）的运作。当“油门”踩下时，就会产生心跳加快、肺活动加剧、肠胃蠕动等反应。当“刹车”踩下时，就会产生相反的反应，我们的身体会平静下来。“油门”和“刹车”的平衡对于健康的情绪状态十分重要。

当人因某件事感到兴奋时，“油门”就会激活。当我们拒绝时，“刹车”就会被踩下。你可以在家里做做模拟实验。邀请一些亲戚朋友，让他们坐下并闭上眼睛，安静地坐着，体会自己的内心感受。现在说“不”，并且清晰而缓慢地重复5次。等一会儿，让他们注意自己的反应。然后清晰而缓慢地说5遍“是”。给他们一点时间思考，然后询问他们的反应。人们在听到“不”这个字时通常会感到沉重、畏缩和轻微不适，而在听到“是”的时候，就会感觉愉悦、开心或者宁静。

“是”这个字会激活“油门”，而“不”这个字则会激活“刹车”。在养育孩子的过程中，我们经常需要设置限制，于是“不”成了孩子经常听到的字。在他们满周岁之后，这个字的出现频率会越来越高。18个月大的孩子对于探索周围的环境非常感兴趣，而此时他已经有能力将想法付诸行动了。不可避免地，他会对一些危险的东西产生兴趣，而父母会制止他的探索行为。当我们设置限制的时候，孩子大脑的“油门”就会激活，接着“刹车”又被踩下。在理想的状况下，“刹车”制止了孩子的行为，而“油门”被打开，他就愿意听我们的话。

单从大脑功能上来说，激活“油门”后马上踩下“刹车”会导致神经系统做出如下指令：躲避眼神接触，胸闷，有失落感。这和羞耻感的特征十分相似。由“不”这个字引发的羞耻感和其他恶性羞耻感不同，它被一些研究者称为“健康”的羞耻感。孩子通过情绪离合器的发展学习控制自己的行为。情绪离合器位于前额叶皮质，可以在踩下“刹车”的时候关闭“油门”，将孩子的兴趣转移到合理的方向上去。有时候，孩子能够因此明白他们不允许去做某些事情，需要重新分配自己的精力。

假如孩子没有受限经历，他们控制反应灵活性的情绪离合器就可能发育不良。父母不希望被判定为“坏父母”，经常不愿意对孩子设限，从而无法为孩子提供这些重要的经验。若孩子的情绪离合器发育不良，他们将无法有效地重新分配自己的精力。作为父母，我们的责任之一就是帮助孩子发展平衡“油门”和“刹车”的功能，让他们学会缓解自我满足的欲望并调整自己的冲动。这表示孩子要学会接受拒绝，但同时不能失去自我信念。这些都是情商的重要组成部分。

孩子喜欢乱扔玩具或者喜欢爬灶台，我们说“不”，于是“刹车”踩下去了。我们要帮助他改变自己的行为并同时满足他发泄精力的欲望，所以我们就会说：“你可以去外面玩篮子里的球。我猜你可以把球丢得很远。”或者我们可以说：“灶台不是用来爬的，不过你可以去外面爬秋千旁边的小塔。从那顶上，你应该可以看得很远。”现在，孩子感觉到你重新调整了他对丢东西和爬上爬下的冲动。于是“刹车”松开了，“油门”促使孩子转向合理的活动。

设置限制、界定合理行为以及指示行动，都可以帮助孩子积累经验，培养安全观念。这些重要的“不”给了孩子发展自律能力的机会，并允许他们在踩下“刹车”后将“油门”转向其他方向。假如孩子没有得到发展自律能力的机会，他们的情绪离合器就无法让他们灵活地适应环境。在他们被拒绝时，前额区域无法启动情绪离合器，因而他们无法做出灵活的反应，从而被愤慨和怒气控制。接下来，他们的崩溃及后面的冲动行为，对孩子和父母来说都是十分棘手的问题。

要帮助孩子启动情绪离合器，从而平衡他们的“油门”和“刹车”功能，父母需要理解孩子在受到限制时的紧张和不适。假如父母无法包容孩子的消极情绪，孩子就很难学会控制自己的情绪。当父母说出设置限制的“不”字之后，最好平静、明确地和孩子进行交流。不能总是让步，因为孩子难过就满足他的要求，也不必和孩子进行语言上的推理。如果我们只重视逻辑思维，就会陷入无休止的争论和交涉，孩子会觉得只要他们的要求是合理的，我们就一定要按照他们的意思做。有时候单纯地说一句“不行，我不能让你这么做”或者“我理解你的感受，但我是不会改变主意的”就够了。我们没有必要对所有的决定和举动进行解释，并要求孩子愉快地接受我们的看法。

如果孩子在被拒绝之后发出牢骚，我们就对孩子大吼大叫，反而会引起孩子深刻的羞耻感。在这种恶性羞耻感之下，孩子会觉得和我们脱离了联结，被我们误解，觉得自己的行为是“坏”的。如果孩子感受到父母的怒气，其前额叶皮质可能会踩下“刹车”（在听到“不”字之后），却放任“油门”继续加速（作为对父母怒气的回应）。在这种情况下，孩子会进入“乳儿愤怒”状态。如果这个回路负荷过多，孩子很快就会进入失控状态。有时，这种超负荷的失控状态也会发生在父母身上。

Parenting from the Inside Out 教养笔记

- 父母要理解孩子在受到限制时的紧张和不适。如果父母不能包容孩子的消极情绪，孩子就很难学会控制自己的情绪。对孩子设置限制后，最好平静地和他交流，但不能一味地让步。

发生在玩具店的破裂与修复

我答应带12岁的儿子去玩具店，给他的游戏机再配个硬件；而那天我唯一的空闲时间正好在一个重要的会议之前，我们只有半小时的时间。我们没吃午饭就去玩具店买了他想要的东西，这个硬件的价格是12美元。结账的时候，儿子去旁边看新发售的软件。其中有个新出的棒球游戏软件，很贵，儿子很想要。他想用自己攒下的65美元零花钱来付款，并提出以后会多做些家务。但我让他考虑买个便宜点的游戏软件。我们从游戏的选择、钱花得值不值、他有没有必要拥有和朋友一样的东西等角度对这个问题进行了争论。

我又饿又不高兴，还惦记着待会儿的会议，为孩子的不满足深感不快。我对儿子说教：“你看，40美元可是很大一笔钱。花这么多钱之前，你应该好好考虑一下。你要学会珍惜已有的东西，不能想要什么就买什么。这周你好好考虑一下。如果下个周末你还想要，我就带你回来。你可以用自己的钱把它买下来。”

“我的钱在家里，而且我已经想清楚了，我想要。我已经赚到足够的钱了，你不能拦着我而不让我用它。”他说。

听到他这样“威胁”我，我严厉地说：“不准你买！回去！”

他来了一句：“好吧。回去后我跟妈妈说，她肯定会带我回来买的。”

“她不会的。”

“她会的，”他反驳道，“你看着吧，做决定的人是她，而不是你。她会带我回来的，我肯定会得到它的。”

我表示怀疑：“不，她才不会。你妈才不会让你做这种事。”

“她会的，”他轻蔑地说，“她肯定会马上开车带我回来。”

“够了，马上闭嘴，不然刚刚买的东西也不给你了。”

“我会告诉妈妈你有多小气。她肯定会带我回来的。”

“如果你再说一句，我们就不买这个东西了，直接回去。”

“好吧。反正妈妈会给我买的。”

我把硬件摔到柜台上。现在我整个人都崩溃了，说：“就这样吧，回去吧。”我气冲冲地走向汽车。在回去的路上，他哭着说我太容易生气了，他以后肯定会出其不意地报复我。

他的“威胁”把我逼疯了。我开始骂他，并且告诉他接下来10个月他什么游戏都不准玩。一回到家，他就奔向他妈妈，告诉她我怎么骂他、怎么小气，然后求她带他回玩具店。

我和他回到了各自的房间。我的血液沸腾，知道自己现在看什么都不对，又控制不住自己的愤怒情绪。我需要冷静下来好好调整自己。我深呼吸了几口气，在房间里来回踱步，试图驱除身体的紧张。那时候我在考虑，到底是把“禁令”延长到明年，还是干脆把他的游戏机搬走。

后来我冷静下来，开始考虑儿子的想法和这个破裂的联结。我们早上玩得很开心。我很乐意给他买那个硬件。然后我想起他说起新棒球游戏时的表情。他很兴奋，给我讲了这个游戏的特色，说它肯定很好玩，而且会教我，这样我们就可以一起玩了。我又记起了马上要开始的会议，很高兴还可以安排出时间带他去玩具店。我不打算让他多花 40 美元，虽然钱是他自己的。我给他的信息很复杂。如果他可以买个便宜点的游戏，又为什么不能自己添点钱买个更新、更贵的游戏呢？这确实完全不符合逻辑，而且他也知道这一点，当时还这么跟我说过。

但我当时没能好好听他讲话。当他威胁说他妈妈会站在他那一边时，我就彻底掉进失控状态了。而在我无视他的独处时（毕竟那是他自己的钱），他又拿他妈妈来说事。多矛盾啊！我没有注意到这些信息的情绪意义，只是一味地把注意力放在外部因素上：他被“惯坏了”，对得到的硬件不满足，还闹着要买个新的，不肯接受我设下的合理限制。

设置限制有利于孩子学习忍受痛苦、灵活反应并发展平衡的情绪离合器。另外，孩子需要自己做决定，并从错误中吸取教训。尽管我不让孩子买东西是完全合理的，但是我没能体谅他难过的心情，而他因此威胁说要去“告诉妈妈”，从而导致我的崩溃。于是我没办法继续好好地和他沟通，变得神经质，一味地用不当的言语和毫无成效的方式对他进行痛斥。

这个事件还可以从这个角度来看：我自己的“油门”和“刹车”被同时踩下了，于是没办法继续“驾驶”自己情绪的汽车。我不理解儿子对游戏的兴奋情绪，因而导致他的“油门”和“刹车”超负荷，从而开始报复。我的反应是对他采用“以牙还牙”的方式，结果我们就无法进行有效的沟通了。

在思考整个过程之后，我想要重新建立联结。我来到儿子的房间，坐在他床边的地上，当时他正坐在那里哭。我告诉他我很抱歉，不应该和他吵架，并且想跟他和好。他转开了头，但是已经不哭了。我告诉他我说的话是错的，我想和他一起搞清楚到底发生了什么。他告诉我他想要那个游戏已经很久了，只有我不知道这件事，说我应该让他买。我跟他说了自己对这件事的看法，还告诉他我现在知道他很喜欢那个游戏，并为骂了他而道歉。我告诉他要求他10个月不能玩游戏实在太过分了。

后来我和妻子决定取消对孩子的惩罚，并且把所有的采购计划推迟1周。那天晚些时候，我们为理清事件的经过召开了家庭会议。我和儿子复述了在玩具店发生的事情。后来我们交换身份进行了角色扮演，发自内心地笑了出来。他模仿我简直绝了。

Parenting from the Inside Out

反思练习

1 小时候你和家人经历了怎样的破裂？你的父母是怎么处理这些破裂的？你有什么感受？这个过程如何改变了你们的关系？

2 回忆你和孩子发生恶性破裂的例子并反思：发生了什么？你有什么感受？孩子做出了什么样的反应？你有什么未解决的问题被激活了吗？你能不能从这件事当中提取出任何和孩子和睦相处的模式？当你处于失控状态时，这个状态对你的内心和行为有什么影响？你是怎样从失控状态中恢复过来的？

3 修复过程中的哪个方面对你来说最具挑战性？是什么帮助你识别失控状态并从中解脱的？你能不能感觉到联结中断的时候？你会怎么让自己从恶性互动中脱离出来？你会怎样重建联结？你认为羞耻感在失控状态中扮演着怎样的角色？

4 怎样才能对自己进行修复？什么防范进程可能让你意识不到羞耻感？想一想小时候有什么事情让你经历了联结中断和产生羞耻感，让过去的问题浮出水面，认清它们，并学会放手，你将从自我反思中获益。

科学聚焦

Parenting from the Inside Out

‖生活的复杂性‖

对于联结和独处的紧张关系，通过对自然或人类经验的调查曾有过无数的研究。许多人认为，当与其他人建立了联结，人就会在内心世界中尝试保持自身的整合状态。进化学研究表明，我们在个性化和社会化之间挣扎。在青少年时期，我们面临独立进行自我认知并寻找新的生存方式的任务，与此同时，我们越来越关注同龄人的世界，而青少年文化也让我们的世界变得更加丰富多彩。但是我们所说的“关系紧张”并没有随着青少年时期的过去而消失。成年人也经常会在集体和个人事件中摇摆不定。

为什么会产生这种紧张？我们已经知道，孩子——也许所有人都是这样——在对联结和独处的需要之间摇摆不定。为了深化我们对这个复杂问题的理解，我们有必要了解一下复杂系统。被人们称为混沌理论、复杂理论或者“复杂系统的非线性运动”的观点，是在数学上用于解释诸如云、人脑等复杂系统在不同时间对功能的组织的理论。在这个部分中，我们会对复杂系统进行简单的了解，并且关注这个领域中一些与养育孩子和母子联结的关联性较强的原则。

为什么云的结构那么令人惊奇？为什么这些水分子不在大气层中随意分

布？为什么它们不排成一列蒸汽横跨天空？为什么云和其他复杂的系统会按照这样的轨迹在时间的长廊中行进？被这些问题困扰的科学家们利用概率论对此进行了各种探讨，数学方程式也为此提供了许多理由。复杂系统是一个开放的系统（从自身外部接收信息，比如阳光或者其他人给出的信号），并且拥有多层结构，可以进行混沌行为。人类的思维和大脑在复杂程度上符合这一定义。

简单来说，复杂系统内部的相关物理组件具有自我组织能力。这一能力决定了系统在时间中的流向，也就是系统组件的位置或活动。以云为例，就是指在特定的时间点上分子所处的位置和运动的情况。拿大脑来说，就是表示神经组织的变化。拿思维来说，就是表示信息和能量的流动。下面是这类自我组织系统的一些特点：

- 自我组织——系统变化趋向复杂化。
- 非线性——系统输入中的细微变化都可能引起系统之后巨大而不可预测的变化。
- 循环性——随着时间的流逝，系统的运动会对自身进行反馈，以增强方向性。
- 约束性——内部和外部的约束构成影响系统路径的两大主要因素。
- 运动状态——系统随着时间的变化进入静止或运动状态。

精神的健康性和复杂性

复杂理论还可以进一步在精神健康性和复杂性方面得到应用。复杂理论认为，最稳定、最灵活、最具适应性的状态发生在自我组织趋向复杂化的过程之中。要具体解释什么叫作复杂化是一件很困难的事，因此我们将从极端角度出发，来解释非极端的问题。在度量衡的一端，是同化、僵硬、可预测性和完全的秩序；而在另一端，则是变化、随意性、不可预测性、不规则和混乱的。复杂化就在这两个极端之间。

“复杂化”这个概念可以通过唱诗班的例子来说明。假如所有的成员都用同样的方式唱同样的音节，就会发出僵硬而无趣的巨大声响。假如唱诗班成员各唱各的，就会产生杂音和混乱。复杂化是这两个极端之间的通道，意味着和谐。在主观上，人们会感觉这两个极端要么无趣，要么令人烦躁。而当系统能够自发地进行自我组织并往复杂化方向发展时，就会产生丰富的、活跃的、充满生机的复杂感，给人以精力充沛的感觉。

思维的复杂系统要怎样才能获得这样的变化呢？首先，在趋向复杂化的过程中，运动是自然而然的，思维会自然地产生一股推力，以向健康状态发展。这可是个好消息！治愈的前提就是内部进程的自然与和谐。对思维趋向复杂化产生损害的经历和状态可以说是在对系统进行“加载”。超负荷的系统容易偏离轨道，离开复杂化而向极端方向发展：变得僵硬，或者一片混乱。

当用这样的观点来解释思维时，我们就可以从一个全新的角度来理解平衡功能。当思维处于健康的变化中时，经历和信息都会以最积极的方式向最大程度的复杂化发展。终身学习就是这种乐于接受变化的状态的例子之一。然而，有时候思维超载，经历和信息的流动就会进入不健康的“吸引状态”。感到羞耻或者畏畏缩缩就是偏离复杂化而进入僵硬状态的例子。另一种可能则是感到愤怒，这时我们的思维就会变得混乱。退缩和愤怒都是思维系统远离和谐的复杂化的表现。

联结和独处的复杂关系

有了上面所说的这些原理，我们就可以从新的角度来看待联结和独处之间的关系。毫无疑问，人类的思维是个开放的系统（从自身内外接收信息），并且能够进行混沌行为。思维是个活动的复杂系统，受到内部因素和外部因素的制约。思维的内在约束可以理解为大脑神经的突触联结。这些突触控制能量和信息在大脑内的自然流动，从而产生精神活动。而思维的外部约束则可以看作我们与其他人的关系。用思维方面的术语来说，所谓的“关系”，涉及能量和信息在个体之间的传递。换言之，人际交流对于思维系统既有约束作用，又有塑造作用。

当需要联结的时候，我们会注意使用外部约束以调整思维这个复杂的系统。大脑受到调整，依靠外部的社交输入来影响自身的运作。在人生的早期阶段，孩子需要和照顾者建立联结，以组织大脑功能，使其能够合理发展。这种现象称为“双积管理”，因为双方（孩子和父母）的互动使孩子能够取得自身思维的平衡。和照顾者的互动能够帮助孩子的大脑发展新的神经结构，以便向更加复杂的自主管理发展。大脑的自主管理结构包括前额叶皮质中部的整合区域、眼窝前额叶皮质和前扣带皮质等。这些区域从人际交流中获取来自社交世界的信息，并利用这些信息来帮助管理信息流动、情绪处理和身体平衡。

举例而言，人际互动使得眼窝前额叶皮质区域能够调整自主神经系统的两个分支。“油门”（交感神经分支）和“刹车”（副交感神经分支）直接受眼窝前额叶皮质的影响，这种情况在右脑中尤甚。右脑观察并处理来自其他人的非语言信号这一现象可以理解为右脑使用这种信息形式来连接人群和个体。肢体功能与情绪、认知和社交功能的联系揭示了我们的思维系统作为社交的、具体的存在所具有的最终整合进程。

有了适应性强的自我控制能力，自主神经系统的两个分支才能够灵活地保持平衡。这样的情况可以看作复杂化的最大值，因而能够保证自我组织的适应力和稳定性。而当这种情况出现不平衡时，系统就会偏离复杂化而往极端的方向运动。假如交感神经的“油门”功能过度活跃，个体就会产生行为冲动，并进入过激而混乱的状态。这就是我们所说的愤怒和失控。而当副交感神经的“刹车”功能过度时，个体则会进入闭塞状态，从而导致肢体僵硬和情绪瘫痪。这种情况还存在于“油门”和“刹车”同时发挥作用的状态下，也就是“乳儿愤怒”的“特殊吸引”状态。这些各式各样的不平衡状态可能起源于个体与社会环境的互动中，也可能由过去经历所引起的个体脆弱所导致。这些脆弱存在于记忆之中，直接影响着我们自我组织的模式。

外部约束（关系）使孩子得以发展情绪控制能力，并学会利用内部约束

（神经联结之下的神经结构和功能）。大脑中内外进程的平衡应该由前额区域控制。我们一生都在对联结和独处的需求中来回。外部约束和内部约束影响着思维这个复杂系统的路径，而我们正是依靠它们来进行自我组织的。

异化和同化的平衡

我们应该怎么用语言来解释趋向复杂化的路径呢？我们可以将复杂理论转化成更加具象、更加易于接受的概念。从数学的角度来看，复杂理论源于这样的想法：当系统能够平衡两个相互冲突的异化进程（特定的组成部分）和同化进程（由各个组成部分构成的一个功能性整体）时，就能够达到复杂化。举例来说，假如我们所观察的系统是一个个体，我们就可以考虑一下大脑的回路是怎样互有差异而又在神经整合的过程中在功能上连为一体的。不同的组成部分的整合使系统能够最大程度地趋向复杂化。我们称这些具有高度适应性、灵活性和稳定性的状态为“安康”。

复杂系统的概念可以运用到任何级别的分析过程中，包括对于个体、家庭、学校、社区、文化甚至全球社会的研究。尊重这些社会群体中的个人独立性和独特性，可以做到存异。而共同将这些个体建设为一个功能上相互联结的整体则可以做到求同。当求同和存异达到平衡时，复杂化和安康才能实现。

我们可以从复杂理论的角度来理解人际交流。和谐的交流要求双方尊重彼此的独立性，并且共同将两个相异的自我进行整合。也就是说，个体之间要有整体感和参与感。这是解决联结和独处紧张关系的理想方式。对孩子和父母的研究表明，这种复杂的公平交换需要每个人的交流和参与，但是任何一方的反应从来都是无法完全预测的。在这种双积模式的交流之下，双方的联结是灵活的、具有适应性的、变幻莫测的。

有些家庭可能会出现远离这种灵活的联结和独处关系。其中一个极端就是个人被否定的“受困”家庭。所有人都必须喜欢同样的食物，采取同样的行动，持有同样的观点。差异被否定，因而限制了家庭系统的复杂化和活跃性。相反，有些家庭则缺乏整合性。家庭成员不在一起吃饭，没有共同爱好，也不在一起活动，对彼此的生活缺乏兴趣。高度异化的个人在没有参与感的情况下各过各的生活。没了与异化互补的同化因素，二者之间缺乏平衡，这样的家庭系统的复杂化也会大打折扣。上面所说的两个极端都是家庭系统受到压迫的例子。

健康家庭的家庭成员之间不可避免地也会出现关系破裂，但这种破裂能够通过复杂理论的观点得到解释。一旦破裂产生，充满活力、相互联结的状况就会被打破，大脑进入混乱或者僵硬状态，交流双方的整合关系破裂。有时候，当人感觉受到侵犯，或者对于满足对方的期待感到有压力时，破裂也会产生。可以说，这种交流体现了对个人差异的不尊重和对过度同化的强求。另一个极端可能是，尽管双方都期待进行整合，但忽视了对方发出的信号，个人则陷入无整合的过度异化状态。在这种隔绝状态下，当个体感到需要进行联结时，就会依靠自主系统的自我控制功能。任何一种联系中断都可能导致个体远离复杂化，系统受到压迫，并进入僵硬或混乱状态，无力平衡自我组织。

随着时间的流逝，人们能够培养适应能力，有时又称为“防范模式”。换个方式来看，就是指当受到侵犯或者隔绝时思维的反应方式。当成人变成父母时，他们在早期家庭生活中所养成的处理联结和独处之间关系的模式就会在新的环境下被激活。在父母和孩子建立亲密关系的过程中，人们可能发现自己在和以前相似的情况下采取了过往的反应模式，进而感到不知所措。找到解决这无处不在的紧张关系的方法，学会如何在联结和独处之间、异化和同化之间自由来往，将是我们所有人一生的课题。

Parenting from the Inside Out

09 如何发展思维

第七感

作为父母，我们不仅向孩子讲述自己的经验以帮助他们发展思维，同时我们也是他们学习的对象。孩子是通过观察和模仿我们的所作所为来进行学习的。我们是怎样的人、本质如何，都会通过我们的生活方式和做决定的方式表现出来。不管怎么反省和深化自己的思想，我们的所作所为都会透露出真正的价值观。孩子观察这些人格的外在体现，并对其加以记忆、模仿，进而创造出与我们相仿的生存方式。

社会经验决定着人格形成的内在因素。我们希望孩子变成什么样子？如果想让孩子富有同情心、懂得尊重并关心自己和他人，那么在抚养孩子的过程中就要注重培养他们的共情能力。和孩子的相处方式对他们同理心和共情能力的培养十分重要。假如一个人充满爱心，能够理性地思考，懂得享受生活并和他人有着健全的关系，他就更善于在社会交往中发挥自己的特质，成为人际圈中活跃的一员。要培养孩子的共情能力，父母应该怎么做呢？

父母懂得留心孩子是个很好的开始。在和孩子日复一日的相处中，总会发生各种各样的情况，没有任何一本书或者任何一个专家能够为这些情况提供标准的解决方案。与其一味地依靠技巧，不如学习怎么和孩子相处，从而培养他们的共情能力和同理心。这种相处方式扎根于父母富有同理心的自我理解。当我们开始用开放的心态看待自己并全力支持自己的时候，我们就踏出了鼓励孩子认识自我的第一步。

这种有意识的自我认识是怎么促进共情能力的发展的？对儿童发展的研究以及新近的神经生物学研究都证明，大脑 3 个方面的功能共同决定了我们的成长：第七感[①]（了解我们自己的心理以及了解他人的心理）、自我认识（自传式记忆）和反应灵活性（执行功能，与进行计划、组织和延迟满足的能力有关）。这些更具条理性的思维过程使我们能够在遇到困难或者陷入窘境等各种情况下，进行周全的思考并做出恰当的反应。

要在行动的过程中保持灵活，我们就必须拥有健全的执行能力，并且能够有意识地控制自己的所作所为和做决定的方法。有了执行能力，并且拥有对他人的关心和对自我的认识，我们才能够学会设身处地地采取行动。培养了第七感、自我认识能力和执行能力的孩子更能够有意识地选择自己的行为。

作为父母，我们应该怎样加强孩子这方面的能力呢？许多研究都表明，通过角色扮演、讲故事、向孩子讲述情绪对行为的影响等互动方式，父母能够积极、主动地促进孩子理解自己和他人的内心世界的能力。

第七感

第七感指观察并理解他人的内心感受，并通过行为表达自己的理解和关心的

① 第七感是本书作者丹尼尔·西格尔首创的新观念。《第七感》中文简体字版已由湛庐策划出版。——编者注

能力。要学会为他人着想，我们就必须学会在揣度他人感受的同时注意自己的内心变化。这个过程会在我们的大脑中创造出他人思维的图像。

有了第七感，孩子就能够以他人的想法为出发点来预测并解释他人的行为。在培养这种能力的过程中，他们会理解他人的行为背后必然有动因。基于此，他们可以在大脑中创造出一个模型。理解他人的想法使孩子能够理解自己所处的社会环境以及其中发生的事情。这样的理解过程在婴儿能够辨别生物和非生物的时候就已经开始了。孩子很快掌握了人类互动的基本原则，并能够对各种事件、交流、共识和情绪做出自己的判断。而这些互动经历又决定了他们对人类思维运作方式的理解。

第七感使孩子能够“看到”他人的想法，因此我们也称之为“心视力”。一旦看到他人的思维，我们就能够理解对方的想法和感受，并做出体谅的反应。通过第七感，我们可以进行共情想象，从而将自己和别人的生活事件纳入考虑范围。共情想象不仅能够使我们理解他人，也能够深化我们对自身思维的理解。

科学家们提出了这样一种说法：人类的第七感与语言习得和其他更高级的抽象思维能力有关。语言和抽象思维能够开阔视野，使我们能够超越眼前的物质世界，创造并控制思维想象。正常的婴儿天生拥有第七感，但这一认知能力的发展会受到童年被教养经历的影响。第七感取决于思维的连续性，与右脑和前额区域的整合组织有关。

思维的八大元素

和孩子进行反思性对话能够培养孩子的第七感。理解创造内心世界的基本思维元素将有助于我们和孩子之间的对话。这八大元素包括思考、情绪、感觉、认知、记忆、信念、态度和意图。

Parenting from the Inside Out 思维的几种表现

同情：和他人共同感受，保持同理心和善心的能力。同情与镜像神经元系统有关，该系统激发人体内部的情绪状态，以模仿他人的情绪，从而感受他人的情绪。

共情：对他人内心经历的理解，对他人意识的投射、共鸣性的理解。这是一个复杂的认知过程，与思维的想象能力有关。共情取决于第七感，受右脑和前额区域的控制。

第七感：“看到”自己或他人想法的能力，使人能够在思维上理解他人的行为。

洞察力：强而有力的观察能力，是产生认知的前提。当洞察力与自省能力相结合时，可加深自我认识。洞察力本身并不包含共情或者同情倾向。

反思性对话：和他人之间能够反映思维内部进程的对话。反思性对话集中于观点、情绪、感受、认知、记忆、信念、态度和意图等进程。

‖思　考‖

思考是我们对信息的一种处理方式，通常是在无意识的状态下进行的。我们可能会通过文字或图像意识到自己正在思考。为了和他人进行更加充分的交流，我们有必要理解文字和图像背后的深意。

基于文字的观点是由左脑模式创造的。左脑模式是一种线性逻辑分析模式，用于理解因果关系。它的功能是明确区分是非对错，矛盾的信息在这个模式之下无法得到正确处理，冲突点会被快速地过度简化，从而保证问题得到符合左脑逻辑的解答。非语言信息和社交环境都属于右脑的管辖范围，在左脑的逻辑模式之下经常被忽略。

当我们回顾自己和孩子的思考过程时，请将左脑模式的局限牢记在心。我们的内心世界和社交环境都可以用很多其他方式来表达。右脑模式与左脑模式截然不同，其思考表现为一系列非线性、非逻辑的图像和感官感受。尽管这些重要的模式很难用语言表达，但它们能够为我们提供信息，让我们了解自己的感受和记忆，并且在生活中创造意义。

婴幼儿大都受右脑控制，因而需要与父母进行非语言交流。学龄前孩子左右脑的作用基本持平，但连接左右脑的胼胝体仍未发育成熟。在此期间，孩子开始学习用语言表达感受。通过小学阶段甚至更长时间的发展，胼胝体逐渐发育成熟，从而获得更加高级的整合能力。到青少年时期，大脑进行重组，从而在长远意义上改变了思考的本质。

‖情　绪‖

我们内心的主观体验伴随着大脑内部能量和信息的流动。情绪为我们揭示了大脑内部有意识的感受。我们的思维对基础情绪进行分析，并为其赋予意义。

基础情绪可以细分为悲伤、愤怒、恐惧、羞耻、惊喜、欢愉和厌恶等情绪。我们能够感受到这些细化的、强烈的、通常的或外露的情绪，并且用词语给它们贴上标签。然而，过度注重情绪分类及其语言表达可能会妨碍我们进一步地思考，从而使我们忽略自身或孩子经历背后的深层意义。

反思性对话关注思维元素，包括以基础情绪形式体现出来的情绪的重要方面。和孩子讨论他们关注什么，他们觉得什么重要，他们认为什么是对、什么是错，并和他们一起学习用语言表达具体的情绪，都是谈论情绪时应该注重的方面。

感 觉

在语言形成之前，我们生活在感觉的海洋之中，它们决定了我们内心的主观体验。有时候，这些感觉没有具体的形态，也无法定义。事实上，语言意识的左脑模式可能会让我们觉得这些模糊的、活跃的、流动的内在进程并不重要，也不值得关注。然而，近期的研究表明，这些感觉事实上是让我们了解自身追求的重要线索。身体感觉是大脑做出理智抉择的基石。

感觉是精神世界的核心基础。在现代社会，对感觉的意识经常遭到忽视。然而感觉却是洞察力和智慧未经开采的丰富来源。随着我们对内心状态和伴随着的感受有更多的了解，连续性的自我认识也会随之加深。

当和孩子回顾感觉时，很重要的一点就是想想身体的感觉是怎样的。我们可以问自己和孩子：我们的身体有什么感觉？你的胃现在感觉怎样？你的心脏是不是跳得很快？你的脖子是不是绷得很紧？把精力集中在这些感觉之上，想想它们对你和孩子有什么意义。你可以问孩子："你觉得你的身体想告诉你什么？"请宽容地接受这些非语言信息吧，它们是我们了解自己和孩子的直接渠道。

认 知

每个人对现实都有自己的认知。尊重他人的观点不仅是"一件好事"，在神经学上也是一个非常有效的方法。宽容地接受他人的观点并不是一件容易的事。我们总认为自己才是对的，而其他人的想法则是扭曲的。我们很容易进入这样一个误区：认为自己的观点才是看待问题唯一正确的方式。

"元认知"是指对思考进行的思考，是孩子需要学习的一个进程。这个进程的重要内容之一就是了解"表象与现实的区别"，这个过程在 3 ～ 9 岁进行。我们知道，事物所呈现出的表象并不一定是它真正的样子。举例来说，幼儿可能会相信他们在电视上所看到的东西都是真实的，然而大一点的孩子就知道影片制作团队使用了特效，使影片看上去像是真的。元认知的另一个元素是“具象主义变化”，指人对事物的看法会随着时间的推移而改变。“具象多元化”指接受他人对同一事物拥有和自己不同的观点。这种能力可以体现在这样的情境中：孩子理解坐过山车对某人来说是刺激的娱乐方式，而对另一个人来说却是恐怖的体验。

此外，元认知能力还包括对情绪的理解，也就是情绪元认知。孩子会逐渐认识到情绪对观点和行为的影响。他们还将明白，人可能同时拥有好几种相互矛盾的情绪。情绪元认知和其他元认知都是反思性对话的重要组成部分。它们同时也是高情商的一部分。当然，元认知的发展并不会随着童年时期的结束而结束，这个领域值得我们付出一生的时间去了解。

记　忆

记忆是思维编译、储存和回顾经历的基本方式，它影响着我们将来的经历和行为。记忆主要包括两种形式：内隐记忆和外显记忆。我们生来就拥有内隐记忆，能够储存行为、情绪、认知和身体方面的记忆。内隐记忆还能够通过思维模型对经历进行分类，以形成对现实的认知。外显记忆发展得比较晚。一般来说，婴儿在 1 周岁之后才开始拥有事实记忆，而在 2 周岁之后才开始记事。和内隐记忆不同，外显记忆在回顾时会伴有“我正在回忆”的感觉。这个明晰的形式就是我们一般所说的“记忆”。

在孩子有了特定经历之后和他们进行回顾、讨论具有重要意义。父母参与这样的“记忆对话”可以帮助孩子提高记忆力。在叙述的过程中，父母和孩子共同创造出了日常生活中的故事。记忆对话和共同创造相辅相成，从记忆中提炼出故事。通过将过去、现在和将来联系在一起，我们能够理解自己在一段时间内的变化。这个理解过程是达到自身内部连贯的关键。

信　念

信念是我们理解自身和他人的核心。信念指的是世界运作的原理。信念来自我们的思维模型怎样塑造了我们对现实的认知。构成下意识思维模型的经历也是信念的来源，因此，即便在无意识的状态下，信念也能发挥作用。

和孩子讨论信念时要记住，即使是孩子，也拥有自己对世界的理解。要了解他们的想法，你可以问一些开放式问题，比如："你觉得为什么会发生那样的情况？""你有什么不一样的想法？""你觉得她为什么会在派对上哭了？"关注信念的方式有很多，而对父母来说很重要的一点就是保持开放的心态，倾听孩子的想法。我们的信念来源于过去和现在形形色色的经历。

‖态　度‖

相较于信念，人在一时之间的态度表现出的思维状态更为短暂。在认知、理解和反应的过程中，这个倾向影响着我们经历的所有层面。态度直接影响着我们处理问题的方式。此外，我们对事物的感受和当下的行为都受到态度的控制。态度直接影响着我们和其他人互动的方式。

直接和孩子讨论态度和思维状态这些概念是十分有益的。比如，当孩子情绪崩溃之后，你应该和他一起为这个状态起个具体的名字，比如大发脾气、崩溃、"情绪龙卷风"或者"火山大爆发"等。和孩子讨论当时的感觉和想法，这个过程能够帮助孩子深入地了解精神状态和情绪发生突变的本质，并且认识到这种暂时的变化对于我们对他人的态度有深远的影响。

‖意　图‖

对于渴望的未来和将要采取的行动，我们肯定都有所计划。然而，我们行为的结果却不一定总能够符合我们的意图。有时候，我们明明想要某个东西，努力之后的结果却完全两样，父母和孩子之间的互动尤其如此。在希望孩子"过得开心"的同时，你也许还希望通过对他的行为进行限制来使他形成特定的价值观。你的意图并不单一，从而导致你的行为相互矛盾且令人困惑。要让孩子明白你的行为或语言背后的真意，和他讨论互动中意图的作用将大有裨益。

和孩子共同思考互动中意图的本质，能够帮助他理解渴望和实际结果之间的区别。举例来说，假如你的孩子想和别的孩子交朋友，但他采取的行动却有点过激，结果导致他和那个孩子更加疏远，那么和孩子讨论他的意图和将来可以采取的行动也许会很有用。你的孩子试图表示友好，在另一个孩子看来却并无善意。了解到我们的意图在其他人看来可能是另一个意思，在这复杂的社交中意义重大。当你和孩子一起思考人的内心世界和人际交往的重要方面时，实际上也在帮助他们培养自身的社交能力和情绪控制能力。

反思性对话

父母和孩子针对思维进程探讨的这个过程就是孩子培养自己第七感的机会。假如父母仅仅关注孩子的行为而没有考虑到行为背后的动机，最后通常只能得到暂时的结果，而无法帮助孩子进行自我认知。作为父母，我们有机会在和孩子的互动中采取一个“第七感的出发点”，从而帮助他们培养第七感，为他们长远的将来做准备。想一想什么对于孩子性格的发展意义重大，这可以让我们在决定如何回应孩子的行为时更加具有目的性。

如果我们和孩子都能够采取充满爱心和耐心的态度，那么尊重和加强个人独立性的对话就有可能成立。假如我们能够尊重他人的主观现实，那么作为父母，我们就能够帮助孩子加强第七感。要表达这样的意图，和孩子就内心生活进行反思性对话将是个好办法。

举个例子，在讲故事的时候，你可以和孩子讨论故事中角色的想法和感受。这样的讨论能够帮助孩子进行共情想象，并且积累明确表达内心想法的必要词汇。第七感能够加强我们在社交中的交涉能力。我们对孩子使用的语言有了一层新的意义，那就是为他们理解自身经历提供新的角度。

Parenting from the Inside Out 教养笔记

◎ 在与孩子相处的过程中，父母最好要富有爱心，并且保持耐心。这样才能在尊重孩子的基础上增强孩子的独立性。尊重孩子的主观意愿，帮助孩子加强第七感，可以和孩子就内心生活进行反思性对话。

有些失聪孩子的父母善于使用符号语言，而有些失聪孩子的父母则不擅长。研究者曾就这两类父母抚养的孩子的第七感进行对比，发现善于使用符号语言的父母抚养出的孩子的第七感正常，而不擅长使用符号语言的父母抚养出的孩子在这方面的能力则相当不足。研究者认为，出现这一显著区别的原因就在于不擅长使用符号语言的父母不常和孩子就人的思维进行讨论，而这种交流在擅长使用符号语言的父母和他们的孩子之间却常有发生。此外还有研究表明，假如父母经常就情绪与孩子进行讨论，孩子对于情绪在生活中的作用就会有较好的理解。这样的对话以及角色扮演和讲故事等，对于培养孩子的第七感具有重要的意义。

另有研究发现，在父母控制欲强或者气氛消极的家庭里长大的孩子的第七感也会受损。如果父母的行为充满侵略性或者恐吓性，孩子的思考能力就会受到限制。情绪强烈并不是问题。假如父母能够在情绪困境中向孩子提供支持，孩子就有机会更加深入地了解思维。与其将日复一日的摩擦看作麻烦，不如利用这些高度紧张的情况进行反思性对话，加强孩子的第七感。

第七感以言语性质的反思性对话为基础，然而生活中非言语的、情感的和无意识的方面对其也有一定影响。语言之所以重要，是因为它让思维得以进行抽象理念的发展。但基于文字的语言只是其中的一部分。研究表明，第七感在很大程度上依赖于右脑的非言语进程。事实上，第七感要求我们能够对社交互动中模糊而微妙的方面进行灵活的整合，而这正是右脑的特长。创造出这些表现并长期将其保存在大脑中便于处理是非常复杂的能力。精神世界来自“中央连贯”的整合能力，而这一能力自动且无意识地伴随着我们对社交世界的理解。

假如你发现女儿放学后在家里走来走去，显得很暴躁，你可能会想："她肯定是因为学校戏剧节的彩排开始了，而她却一个角色也没拿到，正在郁闷呢。"我们总是通过最近发生的事情来推断某人当下的行为。记住，身体的动作来自右脑的活动，而右脑是自我意识和社交思维的来源。关注我们的内心感受能够帮助我们接受他人的主观经历，并且能够对他们的思维而不是行为做出相应的反应。比起斥责女儿的不是，你更应该和她谈谈她的感受，分析是什么引起了她的暴躁情绪，可以问："你今天是不是过得不太开心？想不想跟我说说？"

帮助孩子建立自我认识还有一个方法，就是讲故事。和孩子一起回顾他的一天，可以帮助他回忆和整理这一天的经历。父母可以用温和且中立的态度回顾一天的经历，将麻烦的事情和开心的事情都包括进去。通过这样的方法，孩子能够学会整理一天中的情绪起伏。

睡前时间是回顾一天的活动的好时机。鼓励孩子在讲故事的过程中说出自己的记忆和想法，并且支持他随时提出问题。"你今天做了好多事啊！吃完早饭去了公园，我给你荡秋千的时候，你可高兴啦！你荡得很高很高，把腿伸出来往回荡，那感觉不错吧？我说要回去睡一会儿，你不太开心吧？你睡醒的时候看见我在花园里种花，你就生气啦，因为我没有等你一起种。你拔掉一些花，我感到很生气，大声地说你不可以这样做。你是不是吓到了？你哭了起来。后来你觉得好些了，就在旁边种了一些花。晚饭前你帮我洗蔬菜、做色拉，把它们撕成一片一片地放在碗里。你还记得爸爸说什么了吗？他说色拉很好吃。你很为自己感到骄傲。你记得今天还发生了些什么吗？"

麻烦的情绪问题最好在白天解决。这时候，父母和孩子都处于警惕状态。利用图画或者玩偶给孩子讲故事，能够帮助孩子理解发生的事情，从而对这个难过的经历进行整合和处理。

从某种程度上说，父母是孩子经历的“复读机”，能够记录孩子的经历并且反馈给他们，从而让他们理解自己所经历过的一切。正是通过这些早期的教育回顾，孩子才明白了自己是谁，学会了怎样理解这个世界。反思性对话能够培养孩子思维的连贯性，帮助他们理解外部行为背后的心理活动。

创造同情文化

反思性对话是通过在家庭内部创造同情文化来塑造孩子的第七感的。文化包含一系列的假设、价值观、期望和信念，影响着我们和其他人的互动方式，并对定义生活中有意义的事情产生作用。就更广的社会层面而言，文化实践对于日常生活的许多方面都有影响。强调精神性、利他主义、教育、物质主义或者竞争的价值观充斥着我们的生活。在家里，我们所创造的价值观体现在语言、行动和对孩子生活的不同方面的重视程度上。同情文化鼓励家庭成员彼此尊重和欣赏，并且在互动中保持对彼此的理解和体谅。通过细心的安排，我们能够选择自己关注的价值观，在家里创造出对孩子的日常生活意义深远的文化环境。

家庭中的同情文化氛围鼓励家庭成员分享彼此的情绪，共同承担痛苦和品味快乐。学会体谅能够将情绪的共鸣扩大到更加概念化的领域，此时语言可以用于延伸对话、加深理解。如果家庭成员能够理解并尊重他人，他们就更有可能对其他人表现出关怀。谅解的心情和同情的举动在家庭中就像学业上的成就一样意义非凡。当父母把同情和体谅的价值观通过行为表现出来时，恰是在为孩子做出榜样。

有了第七感，家庭成员之间的相互理解就有了更加重要的意义。家庭成员之间的对话是我们生活的一部分，让我们有机会使用反省语言，以分享彼此的经历和感受。第七感来自反思性对话，而这种心灵对话又是家庭生活的一部分。由于日常生活繁忙，我们也许很少有机会进行这种对话，但假如为人父母的我们能够以宽容的心态随时准备接受这种对话，那么这种交流发生的可能性就会大大增加。和孩子一起讲故事、玩“过家家”游戏，讨论其他人的主观体验，从而激发他们的共情想象，让他们学会表达自己的真情实感。

通过培养反思性对话的能力，我们可以加强自身和所爱之人的第七感。第七感会随着我们和其他人建立更新、更深的联结而持续发展。把反思性对话作为我们和孩子生活的一部分，可以帮助孩子培养自己的第七感，加强彼此间的亲近感。这些联结使得我们超越身体的障碍，成为“我们”，从而使我们的生活乃至我们生活的世界变得更加丰富多彩。

Parenting from the Inside Out

反思练习

1 召开一次家庭会议，了解一下家庭成员对于同一事件的看法和感受。这是一个提出问题的好机会，可以让你深入了解思维元素，并且帮助孩子培养第七感。

2 和孩子坐下来讨论你们共同经历过的事情。当其中一方回顾时，另一方要注意对方和自己看法的不同之处。引领孩子回顾你们经历事情时的思维元素。试着将对话集中在对思维元素的分析上。

3 和孩子一起制作一本家庭书籍。每个家庭成员拥有一个章节的篇幅，用图像和语言来讲述自己的故事。可以在书中贴上照片、图画、故事和诗歌，让家庭成员的创造力得到充分的施展。这样的共同创造能够记录你们的家庭生活，并且能够加深家庭成员之间的关系。

科学聚焦

Parenting from the Inside Out

人是社交生物。最近，对于人类进化的研究将人类思维的变化列入研究对象。大脑的进化，或者说文化的进化，涉及大脑和大脑之间、一代人和另一代人之间意义的创造和知识的分享。

有的哺乳动物是社交生物，而这种社交性是由大脑的边缘组织决定的。灵长类动物尤其擅长使用复杂的交流方式理解对方的状态，从而完成复杂的社交功能。早在500多万年前，我们人类和黑猩猩是一家，而现在进化至此的我们所拥有的思维能力已经远远超过了近亲的灵长类动物：我们能够表达自己和其他人的想法。许多学者认为这种表达想法的能力让我们能够形成广泛意义上的世界观。这种理论上的能力得益于大脑前额叶区域的发育，使得我们能够发展人类生活中的文化组成：表现艺术、对世界的表达（科学）以及表现语言（让我们能够记录并且交流抽象概念）。

人类这一能力的发展使文化得到了迅速发展。我们与其他人的交流方式塑造了我们为彼此创造的事实本质。在一些文化当中，共同的精神存在感可能存在于社会制度的信念之中。而在其他文化中，这样的信念并不属于日常生活的一部分。文化研究者佩内洛普·文登和珍妮特·阿斯汀顿强调，并不是所有的文化都像我们一样来源于思维，也不是所有文化对思维的理解都和我们一样。对一些群体来说，“思维”这个概念可能根本就不存在。他们可能有自己的一套方法来解释构建社会互动的行为，而不是依赖于思维这个概念。

这样的观点对于我们第七感的发展及应用很有帮助。尽管所有文化在本质交流上都存在偶然性，但并非所有文化都有关于思维的复杂理论，甚至也没有表达这些理论的词汇。从基因的角度上说，人类似乎天生就拥有第七感，而一些研究也直指控制这些功能的神经结构，但也许并不是所有文化都依赖于这种能力的发展。文化的本质特点在于，成员之间在意义的创造和真实性的定义上拥有共同的经验。文化偏见渗透进我们对思维和自身的基本定义，当接触不同文化背景下的研究并评估教育孩子的重要性时，千万要牢记这一点。

思维理论：第七感的经验基石

人类学和神经学的学者都在积极地研究人类互相理解的能力究竟来自哪里。亨利·威尔曼和克里斯蒂·拉加图塔提出了这样的观点。

“人是社会生物：我们由他人抚养，又将抚养他人。我们生活于家庭之中。我们合作，我们竞争，我们交流。不仅我们的生活是社交性的，我们的思考也如此。我们对人类、关系、集体、社会机构、惯例、礼仪和道德有着数不清的概念。

‘思维理论’研究的核心理念就在于，某种特定的理解组织了社会认知、概念和信念的发展，并且使之成为可能。这一理念尤其指出，日常生活中对他人的理解在原则上都是精神层面的；我们依照人们的精神状态——包括他们的信念、渴求、希望、目标和内心感受来评价一个人。因此，精神化无所不在，并对我们理解社交社会起着关键作用。”

促进自我认识的经验以第七感经验为基础。理解自己的想法能够加强理解他人想法的能力。反过来说，假如父母能够经常和孩子讨论关于情绪的问题，尤其是情绪对行为和思维的影响，孩子就能够在更深的层面上理解情绪。

认识自我和认识他人是怎么联系起来的？克里斯·弗里斯和尤塔·弗里斯利用思维理论的基础——神经心理学机制对这些问题进行了解释："我们发现，人类推测他人意图的能力来自分析其他生物行为的系统。而这些关于其他人行为的信息与自身大脑中央前额区域表现出的精神状态相结合。我们认为，人类之所以能够进化出理解自身和他人想法的能力，是因为内省能力（读取自己的想法）以及大脑对于他人行为的适应能力的发展。"这样一来，我们就将自己的内心经历和我们对他人行为的观察联系到了一起。

社交经验是人类发展的推动力。我们的社交社会并不仅仅是个偶然的环境，它更是我们思维进化和儿童思维发展的重要社会母体。

里安农·科克兰的研究显示，理解思维的社交认知能力在一些情况下可能会受到损害。她对于"思维理论建立于经验之上"这个观点提出了如下模型："当人试图弄清楚另一个人的想法、意图或者信念时，他要做的第一件事就是内省。通过回顾自己的记忆和任何与自己有所关联的信息，我们试着把自己放在对方的处境中进行思考和计划。"

这个设想指出，内省是能够与对他人及其思维的理解相互关联的。科克兰指出，发展学研究者"强调第一时间的思维理论能力和第一时间的自我回顾能力出现时间紧密相连"；马克·豪威和玛丽·卡勒治、迈克尔·韦尔奇和梅丽莎·芬威克都提出了同样的说法。其他学者则指出，第七感、执行能力和自我回忆这些能力几乎是同时发生的，而它们都以完好的右脑前额功能为基础。执行能力包括计划、组织和控制冲动的能力，是反应灵活性的一部分。

思维理论的发展涉及共情互动（分享情绪）、非语言交流、共同关注（一起照顾第三个个体）和角色扮演。随着孩子的成长，第七感在元认知以及对思考行为的思考等方面会得到更多的证明。元认知的发展使孩子的思维理论更加复杂，从而使之能够适应复杂多变的社交生活。

第七感和大脑：右脑和前额区域的整合作用

大脑是怎样创造出思维的？为了理解自己和他人的想法，我们可以先了解一下大脑处理信息的方式。“中央连贯性”这个词指的是尤塔·弗里斯用于表示分散的回路联结为一个连贯整体的方式，它对于表达其他人的想法这一能力十分重要：“社交理解并不是独立于连贯性之外的。为了理解他人的想法和感觉，人们在现实生活中需要将环境列入考虑范围，并且将各种各样的信息整合起来。因此，当从更加自然主义或者关联环境的角度来衡量社交理解时，我们很可能需要中央连贯性的帮助。而对于中央连贯性较弱、细节关注能力较差的人来说，为取得社交理解而进行信息构建则相对困难。”

思维是怎样获得这种整合能力的？大脑回路为我们提供了一些线索。研究发现，右脑和高度整合的前额区域在思维进程中表现活跃。思维理论可能依赖于思维对于难以定义的现象或者想法所进行的表达，而这正是右脑的专属领域。布里斯注意到，前额区域和右脑的功能并没有明确的区分。因此，右脑和前额区域在思维理论问题上都被经常提及。大脑这两个区域对于整合功能的执行都有十分重要的作用。

为了完成思维理论进程所要求的整合作用，大脑将左右脑与前额区域联结起来。为了获得思维功能，这些整合回路都必须保持运作，并对各种各样的联结关系进行处理。

大脑的各个区域根据社交任务的性质进行任务分配。精神状态内容的推断背后所需要的神经活动由于任务性质的不同而发生变化。需要保存并更新模糊关联信息的新任务就要求右脑的参与，而大部分例行的任务则由左脑回路负责。

我们可以得出这样一个结论：思维进程需要各种神经回路的配合，才能够进行高度整合的社交认知。这些回路都从孩童时期开始发展，因此不难想象，假如家庭环境能够支持孩子整合功能的发育，经常进行反思性对话和其他人际交流，那么孩子对于自身和他人的理解都能够得到加深。家庭内部经历能够促进孩子前额区域和右脑整合功能的发育，从而促进其第七感的发展。至于其背后的原因，将来的跨学科研究也许能够为我们提供合理的解释。

后 记

···别让儿时经历妨碍你做好父母···

养育孩子为我们提供了一次终身学习的机会。孩子的存在将我们置于一种关系之中，鼓励我们加深和他人以及自己的联结。我们想尽己所能地做好父母。尽管并不一定希望孩子拥有和我们一样的童年，但我们注定要重复过去。通过理解自己的童年经历，我们能够学会将自身经验与日常生活中和孩子的互动联系起来。放下过去的包袱，我们的生活就会充满全新的期待和自觉。

我们过去未妥善处理的问题会阻碍我们和孩子建立愉快而安全的依赖关系。安全感是孩子健康成长的基础。研究发现，当与他人处于和谐的情感联结中时，个人对他人的依赖就会往安全的方向发展。作为父母，我们当然希望能够尽早为孩子提供这种安全感。随着我们和孩子对于偶然交流、反应灵活性、破裂和修复、情感联结和反思性对话等互动的日益增加，孩子的安全感也在日益增加。

教好孩子，并不意味着父母要完美无缺。为人父母赐予了我们机会，让我们理解过去的经历，重新解读自己。孩子并不是这个过程中唯一的受益者：将过去的经验整合为连贯的生活历程，我们自身的生活也会变得更加丰富而充满活力。

在孩子对我们的依赖性方面，生活故事的连贯性能够帮助我们学会如何加强孩子和我们的亲密程度，最令人惊奇的发现莫过于此。我们并不是注定要重复过去的模式，因为我们可以在成年之后通过理解过去的经历来培养安全感。如此一来，我们当中那些在早期生活中有过不愉快经历的人就能够理解过去对现在的影响，认识到它对于我们和孩子的互动所起到的塑造作用。理解自身的生活经历使得我们与孩子的联结加深，使我们的生活愉悦而和谐。

对生活的连贯性起着核心作用的恐怕要数整合了。细心、活在当下、尊重和宽容，这些都能够帮助我们加深自我认识。我们所说的“整合”，指的是将当下与时间的流逝联系起来的过程。当我们通过思想和行为来理解生活历程时，整合还涉及情绪与感受的联系。

由于情绪是个整合过程，我们如何平衡和分担情绪就反映了我们整合自身以及与他人的关系的方式。当我们能够更好地把握自己的情绪时，就表明我们为了解他人的内心做好了准备。正是通过分享心情，我们才创造出了有意义的联系。在整合的过程中，思维内部获得连贯性，从而能够培养出更强盛的活力、更深刻的联结和更深远的意义。

在可控状态下，我们会停下来思考各种反应，并从一系列可能性中进行选择。情商是灵活性的同义词。当我们的思维进入失控状态时，我们的整合能力就会停滞，从而进入低进程模式：膝跳反应控制了我们的行为。我们过去未解决的问题依旧悬而未决。我们陷入了困境。

每个人都有未妥善处理的问题阻碍着自己前进的道路。在各种各样的情况下，我们都有可能陷入失控状态。如果放任骄傲或者羞耻阻碍我们认清事实，我们就会丧失第七感，无法从过去的牢笼中解放出来。

第七感来自一种整合模式，能够让我们看清自己和他人的想法。有了第七感，我们就能够集中关注思维元素——观点、情绪、感受、认知、记忆、信念、态度和意图。这些元素共同构成了我们内心主观世界的核心部分。

连贯生活的关键在于各种经验的整合。对身体感受、情绪和生活经历进行整合是非常重要的。它能够加强自我认识，通过过去和现在的联结，使得我们与自身以及和孩子建立联结感，成为生活的主宰。

情绪调节使我们和孩子以及和自身直接联结。这种调整是人与人之间的一种整合模式。调整的核心是非语言信号的分享，包括语气、眼神接触、面部表情、手势、时间控制和反应强度。关注孩子给出的这些信号与关注自身的感受同样重要。身体感受是了解自己的想法和观念的重要基础。情绪交流能够让我们感受到孩子的快乐，并且加强他们这种积极的状态。这种情绪的共享还能够帮助我们减轻孩子的痛苦和烦恼。此外，情绪交流将我们和他人更加完整地联结在一起。

作为本书的作者，我们非常喜欢为上面所说的这些心理活动寻找合适的表达。我们运用了在生活、工作和学习中所收集到的东西。创造连贯性是生活的任务，其最深层的形式就是精力、信息和思维的整合。我们穿梭于思维的时空，通过深入地了解自己，将过去、现在和将来联结在一起。尽管语言无法完整地表达这样的过程，但是简言之，我们是相互联结的。我们跨越时空将分散的思维联结起来。生活经历与我们之间的紧密联结将持续一生。

连贯性是一生的事业。自我认识的整合是永无止境的挑战。学会成长和改变，是我们将挑战化为发现之旅的来源，也是获得连贯性的前提。我们希望这本书能够帮助你打开思维的大门，让你看到新的可能，加深你与孩子之间的联系，陪伴你走向更加完美、连贯的人生。

Parenting from the Inside Out

致　谢

假如没有家人、朋友和同事的支持，我们永远不可能完成这本书。我们对这些年来的知交感激不尽。此外，我们还要感谢孩子们、父母们、老师们和学生们为我们了解生活和人际关系所提供的帮助。

感谢第一长老会托儿所的父母和教职工们，感谢他们为这本书提供的灵感和对养育孩子的热情。感谢迈克尔·西格尔和普里斯希拉·科恩为我们介绍了经纪人米利姆·阿尔茨舒勒，他对我们的工作给予了极大的支持。感谢我们的发行人——企鹅出版社的杰勒米·塔彻，他看到了这本书对父母们的价值。感谢我们的编辑萨拉·卡德，她帮我们整理稿件，始终陪伴我们。感谢凯瑟琳·斯科特，她高超的技巧使这本书更趋完善。感谢伊万·哈茨尔极具天赋的摄影技术和马克·帕格尼诺充满艺术气息的专业技术。感谢玛丽·梅因博士对这本书的鼓励。感谢阿兰·斯洛夫博士为我们进行终稿校对，从而保证这本书内容的新颖。

此外，感谢乔纳森·弗里德、乔丽·高蒂诺、丽萨·理姆、雪莉·普希克、莎拉·斯坦伯、梅丽莎·托马斯和卡洛琳·韦尔奇为这本书的实用性所提供的宝贵建议。

未来，属于终身学习者

我们正在亲历前所未有的变革——互联网改变了信息传递的方式，指数级技术快速发展并颠覆商业世界，人工智能正在侵占越来越多的人类领地。

面对这些变化，我们需要问自己：未来需要什么样的人才？

答案是，成为终身学习者。终身学习意味着具备全面的知识结构、强大的逻辑思考能力和敏锐的感知力。这是一套能够在不断变化中随时重建、更新认知体系的能力。阅读，无疑是帮助我们整合这些能力的最佳途径。

在充满不确定性的时代，答案并不总是简单地出现在书本之中。“读万卷书”不仅要亲自阅读、广泛阅读，也需要我们深入探索好书的内部世界，让知识不再局限于书本之中。

湛庐阅读 App：与最聪明的人共同进化

我们现在推出全新的湛庐阅读 App，它将成为您在书本之外，践行终身学习的场所。

- 不用考虑“读什么”。这里汇集了湛庐所有纸质书、电子书、有声书和各种阅读服务。
- 可以学习“怎么读”。我们提供包括课程、精读班和讲书在内的全方位阅读解决方案。
- 谁来领读？您能最先了解到作者、译者、专家等大咖的前沿洞见，他们是高质量思想的源泉。
- 与谁共读？您将加入优秀的读者和终身学习者的行列，他们对阅读和学习具有持久的热情和源源不断的动力。

在湛庐阅读App首页，编辑为您精选了经典书目和优质音视频内容，每天早、中、晚更新，满足您不间断的阅读需求。

【特别专题】【主题书单】【人物特写】等原创专栏，提供专业、深度的解读和选书参考，回应社会议题，是您了解湛庐近千位重要作者思想的独家渠道。

在每本图书的详情页，您将通过深度导读栏目【专家视点】【深度访谈】和【书评】读懂、读透一本好书。

通过这个不设限的学习平台，您在任何时间、任何地点都能获得有价值的思想，并通过阅读实现终身学习。我们邀您共建一个与最聪明的人共同进化的社区，使其成为先进思想交汇的聚集地，这正是我们的使命和价值所在。

浙江省版权局图字：11-2023-299

图书在版编目（CIP）数据

由内而外的教养 /（美）丹尼尔·西格尔，（美）玛丽·哈策尔著；李昂译 . — 杭州：浙江科学技术出版社，2023.11（2025.4 重印）
ISBN 978-7-5739-0886-5

Ⅰ. ①由…　Ⅱ. ①丹… ②玛… ③李…　Ⅲ. ①家庭教育　Ⅳ. ① G78

中国国家版本馆 CIP 数据核字（2023）第 185759 号

书　　名　由内而外的教养
著　　者　[美] 丹尼尔·西格尔　[美] 玛丽·哈策尔
译　　者　李　昂

出版发行　浙江科学技术出版社
地址：杭州市环城北路 177 号　邮政编码：310006
办公室电话：0571-85176593
销售部电话：0571-85062597
E-mail:zkpress@zkpress.com
印　　刷　唐山富达印务有限公司

开　　本	710mm×965mm　1/16	印　　张	14.5
字　　数	183 千字	插　　页	2
版　　次	2023 年 11 月第 1 版	印　　次	2025 年 4 月第 4 次印刷
书　　号	ISBN 978-7-5739-0886-5	定　　价	79.90 元

责任编辑　余春亚　　**责任美编**　金　晖
责任校对　张　宁　　**责任印务**　田　文